启笛

酩

醉

古

回

声

编委会

一、国际学术顾问委员会
（按姓氏拼音排序）

郭长刚　　韩　琦　　王晓德
徐世澄　　袁东振　　郑书九
Aldo Marchesi　　Antonio Zapata
Enrique Krauze　　Fortunato Mallimaci
Karina Batthyány　　Lilia Schwarcz

二、国际编辑委员会
（按姓氏拼音排序）

崔忠洲　　郭存海　　金晓文
林　越　　楼　宇　　万　戴
张　琨　　张伟劼　　章邵增

"理解拉丁美洲"文库　序

为什么要"理解拉丁美洲"?

2009年,委内瑞拉总统查韦斯在美洲峰会上送给奥巴马总统一本乌拉圭作家爱德华多·加莱亚诺(Eduardo Galeano)的经典著作《拉丁美洲:被切开的血管》(Las Venas Abiertas de América Latina)。这本书曾风靡整个拉丁美洲,是人手一册的"宝典"。查韦斯的这个举动被认为是暗讽和警告奥巴马不要忘记美国在西半球的帝国主义行径。正当我为此感到"大快人心"时,一位拉美朋友却留给我长长的一段话:

> 当我读到《拉丁美洲:被切开的血管》的时候,我更多想到的是中国而不是奥巴马和美国。中国将是西方之外第二个给拉丁美洲带来重大影响的国家。中国在拉丁美洲过去500年的掠夺史中没有扮演任何角色,不过她很可能是未来500年的领导者。假如有任何外国在21世纪的拉丁美洲需要对"掠夺"和"商业投资"之间的细微差别保持警惕的话,那么这个国家就是中国。因为你永远不知道迎宾曲能持续多久。尽管拉丁美洲和中国长期存在贸易赤字,一些中国(矿业)公司也存在劳工和环境风险,但拉丁美洲并没有将中国同《拉丁美洲:被切开的血管》中的无赖国家视为一丘之貉,不过中国必须谨记西班牙、英国和美国在拉丁美洲的遗产。如果中国像以前的那些"外国前

辈们"一样贪婪,眼睛里只有资源,那么可以肯定未来她也会成为同一主题的书籍的主角……

十多年来,这段话犹如一把"达摩克利斯之剑",让我警醒,让我铭记,驱使我不懈努力以增进我们对这片充盈着"丰饶的苦难"的地区的认识……

进入21世纪以来,中国和拉美相向而行,联系日益紧密,但潜藏一种风险:如果彼此了解太少,接触越频繁,引发摩擦的概率越高。目前,中国已是许多拉美国家的第一或第二大贸易伙伴和重要的外国直接投资来源国。这充分说明,中国和拉美虽有山海之隔,但已紧密相连。然而,这种"天涯咫尺"并没有同步拉近中拉民众之间的心理距离。20世纪90年代初,李慎之先生就曾说过,"我们对拉丁美洲的认识往往是抽象的概念多于具体的知识,模糊的印象多于确切的体验"。三十年过去了,这种窘境迄今虽未有多大改观,但为改变这种窘境的准备却已充分。截至2021年年底,中国开设西班牙语和葡萄牙语专业的高等院校分别达到156所和57所,从事拉美相关研究的机构高达65个。中国对拉美经济、政治与文化方面的影响越强,我们也就越需要敞开心扉走近拉美、俯下身子理解拉美。

作为新一代知识分子,推动拉美知识在中国的生产和传播是一种义不容辞的使命。当前国内有关拉美的图书总体相对偏少,而国内目前译介过来的一些拉美主题图书,多数是基于美国和欧洲的视角,而非拉美学者自身的视角。如此,拉美人看中国本就借由"欧美折射的目光",而今中国"了解"拉美又再度经过欧美的折射。现在的中国不想,也无需经过他人的视角来看拉美。中国希望与拉美一起,彼此进行直接的审视与坦诚的交流。而要达到这一目标，就要满足两点：一是要尽可能多方面地了解拉丁美洲，在国内多是翻译西方作者有关拉美著作的今天，多译介一些拉美作者的著作无疑有助于这一目标的实现。二是在多方面了解拉美的过程中，中国需要也必然会形成自己对拉丁美洲的"理解"。这一主客观相互影响的"理解"过程便构成了"理解拉丁美洲"文库选书的标准：一方面，译著倾向于选取拉美的经典通俗作品译介，希望能够向中国读者介绍拉美人眼中的拉美；另一方面，原创作品则以专业素养与田野经验俱备的中国学者作品为主，希望能够在不断"了解"的过程中，表达出中国自身对拉丁美洲的"理解"。

这一愿景得到了中国和拉美学界的广泛共鸣。基于此，我们成立了两个委员会：一个是由中国拉美研究新一代学者组成的编委会，一个是由中拉学术界颇有威望的老一辈学者组成的国际顾问委员会，以合力为中国大众奉献一套"轻学术"风格的拉美人文丛书。

是为序。

郭存海　张琨

2022 年 8 月 5 日

献给永远的何塞菲娜(Josefina)。

它们的废墟似在诉说:
这里是万千英雄的祖国。[1]

---

[1] 引自墨西哥国歌第六节。

目录

开篇·楔入 /001

第一章　拟像 /003

第二章　倾覆的伊甸园 /009

第三章　幼态性成熟 /019

第四章　原始的哀伤 /025

第五章　歧义句构 /041

第六章　无意义的时间 /047

第七章　美西螈化 /063

第八章　轻易的死亡 /067

第九章　修洛特尔：畏死的神祇 /079

第十章　跪伏的英雄 /087

第十一章　美西螈食者 /101

第十二章　趋于变态 /107

第十三章　长着外阴…… /119

第十四章　多愁善感的后代 /125

第十五章　爱国主义的手术刀 /135

第十六章　燃烧的灵魂 /141

第十七章　退或进？ /151

第十八章　做一个墨西哥人是否有意义？ /155

第十九章　创世纪 /167

第二十章　一场小小的私人革命 /173

第二十一章　赋格曲 /185

第二十二章　到来处去 /189

结语·放逐 /211

致　谢 /227

注解与图像标注 /229

蝙蝠、牡丹鹦鹉与六角恐龙
　　——《忧郁的牢笼》译后记　万　戴 /257

开篇·楔入

在现代社会的诸领域中,民族是最常被践踏,同时也是最难逾越的。我们都知道,那些政治地图上的黑线就像无数次战争、掠夺和征服留下的伤痕;但我们也怀疑,除了用以建立民族的国家暴力之外,还有古老而奇特的文化与精神性力量,绘就了将我们与外人分开的边界线。这些微妙的力量,虽受制于经济与政治的跌宕起伏,却是导致民族现象不透明的主要原因。此外,这种不透明掩盖了人们容忍统治体系的深层动机,并以其耐心为不公正、不平等与剥削盖上合法的印章。在这部作品中,我决定深入墨西哥民族主义领域并探索它的一些表现,以期在现代国家合法化进程的研究上取得进展。

显然,社会的组织模式并不像是等待科学家来破译其秘密(的自然现象);相反,总是需要行使一定的暴力,才能让事物交出它们所谓"结构的密码"。因此我们说,恰恰是社会暴力更好地揭示了社会的奥秘。但是写作,以其自身方式,能撬开现实,洞察其中的奥秘。带着这种意图,我似乎找到了一个弱点、一条裂缝。通过这条裂缝,能够有效地窥知民族现象领域。奇妙的是,这个弱点正是由关于墨西哥民族性格形成的研究(尤其是对"墨西哥性"的反思)本身所建构的。我对于上述研究感兴趣,是因为其所反思的**对象**(即所谓"民族性"),是他们自己在文学、艺术和音乐决定性的帮助下提出的一种想象性建构。

事实上，关于"墨西哥性"的文章常常可以说是自衔其尾——它们是我准备研究的现象在意识形态和文化领域的发散。因此我选择它们，作为研究1910年革命以后，在墨西哥发展出的主流政治文化的切入点。但是，有关墨西哥民族性格的文学作品不仅会是本书的研究**对象**，也将是进行文化批评的一种手段。

有关"墨西哥性"的研究构成了主流政治文化的一种表达。这种霸权政治文化被一套虚构的权力网络紧紧包裹，这些网络定义了被社会接受的**主体性形式**，且通常被认为是民族文化的最详尽表达。这是后革命时期的墨西哥社会生产自身民族文化**主体**的过程，像是一种被历史决定的主体性叙事下产生的神话与文学的造物，"不仅是创造与解放之所在，也是征服与监禁的场所"。[1]如此，霸权政治文化一直创造其特殊的主体，并将它们与各种普遍扩展的原型联系起来。[2]这种特殊的墨西哥主体性由许多心理与社会刻板印象、英雄、景物、历史情境和各种情绪所组成。人们变成了演员，而主体性被转化成了戏剧。通过这种方式，资本主义民族国家出现在由心理剧线条勾勒的日常生活层面。我选择了其中最为引人注目和最明显的部分。这些部分也引起了最多争议，并通过电影、广播、电视、媒体、讲演与歌曲广为流传。正如在本书中将会看到的，我选择了所谓墨西哥人性格特征中较**为普遍的部分**：这只是知识界编辑整合的一系列刻板印象，但其痕迹会在社会中再现，在人群中促成一种大众文化的幻景。有关"墨西哥性"的意象并不是大众意识的反映（将这种意识假设为一种单一、同质化的实体存在，是值得怀疑的）。另一方面，虽然这些想法是由知识精英提炼出来的，但我不会只把它们当作意识形态表达来处理，而主要将其归作霸权文化所制造的神话。民族灵魂的意识形态表达是高度个性化的，尽管它们可以被简化为哲学流派和代际群体；但它们的神话表达在社会中长期积累，最终构成了一种元话语：

一个错综复杂的参考点网络,许多墨西哥人(和一些外国人)以之解释民族身份。这是座共用的饮水槽,对身份的渴求可以在这里得到满足;这是片神话的起源地,不仅赋予民族**统一性**,也使其区别于任意其他民族。

在有关"墨西哥性"的研究中,我认为最有趣的一个方面恰恰是:当以审慎的态度阅读相关研究时,只能得出如下的结论,即墨西哥民族性格是一种人造的完美实体。这种实体主要存在于描述或赞美它的书籍和文章中,在那里可以找到它起源的痕迹:一种与现代资本主义国家的统一化与制度化相联系的民族主义权力意志。[3] 我们可以说,墨西哥的民族性格只存在于文学和神话中;这不会削弱其力量或重要性,但我们应该反思我们可以通过怎样的方式洞悉这一现象,以及其嵌入墨西哥文化与社会结构的特殊方式。在这部作品中,我只选择了民族性格神话的一些方面,即一套由统治阶级整合构建的,有关于农民生活、工人存在、乡村世界与城市环境形象的刻板印象。这些形成了一个复杂的神话,趋向用一种非理性的社会凝聚力所构成的想象,来替代民主政治的形式主义。在我看来,这一事实是根本性的,其中隐藏着本书进行反思的思考方向。多年以来,墨西哥的制度一直享有巨大的政治稳定性,但却疏离于现代民主的发展;这种情况在很大程度上可以由占了巨大比重的民族主义神话来解释。而今事情开始变化,墨西哥人开始对民主的缺乏失去耐心。我相信墨西哥很快将被迫接受民主作为政府形式;正因如此,我认为迫切需要对民族主义神话带来的危险进行批判性反思。我了解这个神话已经形成多年,甚至在殖民时代就可以寻得其前身。但我不会尝试梳理民族主义神话的历史或墨西哥国民性格研究的年表。[4] 相反,我感兴趣的部分,是对该神话在 20 世纪末的呈现形式进行批判性的展示。因为在我看来,我们墨西哥人必须摆脱这种压迫我们思想并加强所谓"墨西哥革命政府"专制统治的意象。难道我们还要带着这样一种民族意识进入第三个千年么？这种民族意识不过是一堆来自20世纪垃圾场的破布头，被20世纪上半叶的知识分子胡乱缝合在一起。他们设计出这种伪饰，是为了让我们不至于赤裸着参加民族主义狂欢节么？

墨西哥灵魂的现代形象，即革命所要求的"新人"，并不是在民族主义的突然爆发中形成的。事实上，本世纪[1]初的实证主义和自由主义知识分子对于墨西哥国民性格的大部分特点都进行了描摹、赞美与批评。比如，在埃塞基耶尔·查韦斯（Ezequiel Chávez）、曼努埃尔·加米奥（Manuel Gamio）、胡里奥·格雷罗（Julio Guerrero）、马丁·路易斯·古斯曼（Martín Luis Guzmán）、安德烈斯·莫利纳·恩里克斯（Andrés Molina Enríquez）、胡斯托·谢拉（Justo Sierra）和卡洛斯·特雷霍·莱尔多·德·特哈达（Carlos Trejo Lerdo de Tejada）的作品中，已经可以找到这些思想的原初核心。[5]后来，在反实证主义运动中，出现了安东尼奥·卡索（Antonio Caso）与何塞·巴斯孔塞洛斯（José Vasconcelos）的思想，他们对呼唤新的民族精神作出了根本性贡献。[6]由壁画家群体领导的墨西哥艺术界为民众灵魂的升华功绩颇大。尽管必须要说的是，阿特尔博士（Doctor Atl）[2]甚至何塞·马里亚·贝拉斯科（José María Velasco）已经以自己的方式开启了民族主义的任务。但在所有的前人之上的，是被置于新民族主义中心的何塞·瓜达卢佩·波萨达（José Guadalupe Posada）的版画作品及其真实的大众化表达。[7]在20世纪30年代，出现了一种对革命民族主义的反映；而矛

---

[1] 本书首次出版于1987年，所以作者所指的"本世纪"均指20世纪。

[2] 阿特尔博士为墨西哥画家、作家杰拉尔多·穆里略（Gerardo Murillo Coronado）的笔名，"Atl"在纳瓦特尔语中意为"水"。

盾的是,这成为墨西哥国民性神话汇集与固化的主要原因。事实上,起源于《当代》(*Contemporáneos*)杂志(1928—1931)的作者们,按其代表哲学家萨穆埃尔·拉莫斯(Samuel Ramos)的说法,是对发明**墨西哥人**形象贡献最大的一个群体。[8] 在这个时期,曾经备受19世纪许多社会学家和心理学家喜爱的过时的民族性格研究,在欧洲和美国重新大热。在某种意义上,乔治·索莱尔(Georges Sorel)、古斯塔夫·勒庞(Gustave Le Bon)和奥尔特加·加塞特(Ortega y Gasset)的不良影响在墨西哥得到了体现:他们致力于向知识分子中产阶级注入对现代人庸众化与工业社会发展的真正恐慌。这个阶段出现的一种反思,成为另一种选择。比如,被准确地称为"伪装成德国哲学家的波罗的海伯爵"的凯泽林(Hermann Graf Keyserling),他走遍世界各地,传播关于民族灵魂的真理。[9]

自1950年起,有关"墨西哥性"的探索经历了一段非同寻常的繁荣期,奥克塔维奥·帕斯(Octavio Paz)笔下《孤独的迷宫》(*El laberinto de la soledad*)的出版起到了决定性作用,该书汇集了他所有前辈们的思考。此外,在阿方索·雷耶斯(Alfonso Reyes)的鼓励和莱奥波尔多·塞亚(Leopoldo Zea)的指导下,一系列关于"墨西哥性"的研究报告开始出版,其作者包括豪尔赫·卡里昂(Jorge Carrión)、何塞·高斯(José Gaos)、萨尔瓦多·雷耶斯·内瓦雷斯(Salvador Reyes Nevares)和埃米利奥·乌兰加(Emilio Uranga)等人。这些作品将与帕斯、拉莫斯与巴斯孔塞洛斯的书一起,构成新墨西哥人的哲学和文学**资料库**。[10] 关于该问题,后来又增加了一系列心理学与社会学研究,由阿尼塞托·阿拉莫尼(Aniceto Aramoni)、劳尔·贝哈尔(Raúl Béjar)、罗赫里奥·迪亚斯—格雷罗(Rogelio Díaz-Guerrero)、圣地亚哥·拉米雷斯(Santiago Ramírez)及其他许多学者所撰写。[11] 这些文章试图为有关"墨西哥性"的研究提供科学基础,然而未获成功。

数十位哲学家、心理学家、社会学家和散文家,在几十年时间里勤力于墨西哥国民性格的研究。他们激发出的民族主义意象,一直受到意识形态矛盾与代际对立的困扰。然而,民族性格的神话似乎没有历史[12];民族价值像是从祖国的天空掉下来结成统一实体:所有墨西哥人的灵魂平等、永恒地沐浴其中。关于墨西哥民族性格的文章,是对于无数艺术、文学、音乐和电影作品的翻译和简化(这种翻译与简化常常会变成荒腔走板的漫画化)。尽管已经考虑到了这种现实,但我还是倾向于集中分析关于"墨西哥性"的文章。因为尽管这些文章总是会牺牲掉审美价值,但它们以粗糙直率与天真淳朴的方式向我们展示了烹制民族灵魂的配料与食谱。我发现,猛烈地剖析这些由墨西哥知识分子长时期编纂累积的神话,是很有意思的。[13]但我并不想对知识分子文化进行描述,而是想强调那些造成了最"流行"反响的思想,并观察它们相互衔接的方式(有时颇不顾及作者的感受),以形成一种"典型墨西哥人"的模式或准则。我须臾不会停止讨论这样一种"典型墨西哥人"是否存在;这是一个完全虚假的问题,只是作为主流政治文化构成过程中的一部分而获得重视。存在一种单一的民族历史主体"墨西哥人"的想法,是一种强大的凝聚力幻觉;其结构主义或功能主义版本,则较少将墨西哥人当作一个主体,而更多认为是一种特质——"墨西哥性",也是现代国家政治合法化文化进程的一部分。对"墨西哥人"的定义,更多的是描述其如何被支配,尤其是对剥削合法化方式的描述。

在我看来,大多数情况下,这些合法化的机制并不专门针对墨西哥。尽管适配了墨西哥的现实,但它们也是西方文化悠久历史的一部分。出于这个原因,我在寻找墨西哥的符号学和欧洲文化各个方面之间的联系。这个悖论已经被很多人注意到了：人们只能用西方的墨水描画出民族的灵魂，这也是民族主义者与马琳切主义者[1]之间争执的原因。这种争执，除了为自身民族主义神话提供养料外，没有太多意义。因此我认为，对墨西哥灵魂的解剖可以为理解现代西方国家，即资本主义国家的某些方面提供密钥。

在这里，我向读者提出的是一场游戏：深入到关于墨西哥人性格的神话中去观察他们，把他们当作玩具或是棋盘上移动的棋子。我将遵循游戏的逻辑而不是每位写作者的逻辑；从一个想法跳转到另一个想法，忽略他们个人或世代的背景；将肯定与赞赏归为一组，即便它们是在不同或相反的哲学语境中提出的。我希望展示的是，存在一种游戏的逻辑，叠加在特定与个别的表达方式以及具体的情势之上。这种游戏并不是一种纯粹随心所欲的选择，而是反映了一个范围更大、更持久的过程，即规训与引导现代墨西哥国家合法化的规则。虽然，我确实对在拓展基于美西螈隐喻的主题时增添一些戏谑语气负有责任。这种最具墨西哥特征的两栖动物，习惯栖息在"空气最澄明地区"的湖泊中。有人把纳瓦特尔语的"美西螈"翻译成"水的游戏"。很明显，它神秘的双重特性（幼态/蝾螈）和其压抑的蜕变潜力，使这种动物被当作代表墨西哥民族性格及其隐藏的政治调解架构的元素。我意识到在使用美西螈的隐喻时，自己也对现实进行了破坏：我意图将墨西哥民族性格的意象强行引入到一种范式或一套刻板印象中，之后再观察到这种范式在墨西哥政治文化中出现，并成为民众日常生活的悲喜剧表现。我称其为"美西螈"范式。正如我们所看到的，使用美西螈

---

[1] 马琳切主义（malinchismo）得名于殖民者埃尔南·科尔特斯（Hernan Cortés）的原住民情妇、翻译与助手马琳切（Malinche），常用于泛指对于外来文化与元素的倾慕倾向，与民族主义相对。其含义外延复杂，多有变化。见第22章。

范式作为政治文化的隐喻,引发了社会现实与生物现象之间的某些联想。这些联想,也在传统上被定位为民族主义思想的根源。恩斯特·海克尔(Ernst Haeckel)的复演论思想(美西螈与这种思想流派密切相关)在社会学、政治学与心理学中都有着相应内容。以个体的成长来概括物种的进化,这一理念与民族会"像人一样"经历一个完整生命周期(童年、青年、中年、老年与死亡)的想法不谋而合。荣格(Carl Jung)关于集体无意识与原型的理论也是上述相似关系的一种表达。

　　试图从个体性格中找寻"复演"的民族特殊性想法亦是如此。这种社会生物学上的相似之处令人不安,即使只是因为其促成了法西斯主义思想形成这一恐怖事实;但除了提醒我们民族主义的危险之外,在反思政治文化时使用生物学隐喻可以帮助我们理解霸权的隐秘机制与现代国家的合法性。另一方面,安德烈·布勒东(André Breton)意识到了美西螈的象征潜力:"我的部分思想景观(我认为,广义来讲也是超现实主义景观),受到了墨西哥的绝对限制。在超现实主义的纹章中,至少会有两种特别的墨西哥动物——可疑的毒蜥和粉与黑的美西螈。"作为隐喻的美西螈,也指向了人类学一个经典主题,列维·施特劳斯(Lévi-Strauss)对此进行了反思:"野性的思维"把动植物界的可感特性看作是某种信息元素;以同样的方式,美西螈的生物属性在这里被视为一种符号,作为传递给墨西哥人的信息,以指示他们的现状、起源和未来。[14] 然而,美西螈主题的对照提法,与其说是一种对于社会和生物之间关系的庄严反思,不如说是一种阐述的技巧。这是一种允许我们玩弄信息的技术(如同本书在 22 个章节间所做的),使得批判和分析自然地融为一体。[15]

　　翁贝托·艾柯(Umberto Eco)说,小说是一台产生解释的机器。毫无疑问,博尔赫斯(Jorge Borges)与科塔萨尔(Julio

Cortázar)在他们的游戏里也是这么打算的。我觉得自己没有理由不在这部作品中尝试类似的内容,尽管文章本身就已经是一种解释了。但它必须是一种开放的游戏,也就是说,一种产生解释的解释。一些读者可能认为,既然现实本身提供了一张需要被解码的晦暗面孔,为什么还要用一个需要解码的文本,来让事情进一步复杂化?我想利用这部作品厘清将社会科学与历史科学捆束住的悲剧性绳结,通过破译某些过程与结构来对它们进行重新编码,而这次是使用研究者身处的时代与社会环境所提供的符号与密钥。同时作为观众与演员,我们只能接受与我们的研究对象间实际的(和戏剧性的)关系。以美西螈为模型产生的隐喻,往往集中于象征社会科学戏剧的两极:一边是积极和有活力的主体,异变和变化的思想,以及自我质疑的概念;另一边是被动和隐藏的他者,忧郁和静态的客体。如此,异变/忧郁的二元性将经过不同的阶段,象征着一长串两极对立的链条:西方与东方、文明与野蛮、革命与固守、理性与感性,等等。在玩这个游戏时,我只是试图以马林诺夫斯基(Bronislaw Malinowski)定义的经典模式,行使我作为人类学家的职责:

> 人类学是一门关于幽默感的科学。可以这样定义它,而不需要太多矫饰或戏谑。因为以别人看待我们的眼光看自己,不过是反其道而行;与之对照的天赋,则是以别人的眼光看待别人真实的样子和他们想成为的样子。"这正是人类学家的专业。"[1]他必须打破种族和文化多样性的桎梏;必须在野蛮人中找到人性;必须在今天高度复杂的西方人群中寻得原始的一面,也许还要看到动物性和神性

---

[1] 原文为法语。

在人类身上无处不在。[16]

如果我们对自己的幽默感进行足够敏锐的检视,也许我们会在神域中寻得动物性,在西方世界找到野蛮:在这种疯狂的思想与换位的舞蹈中,统治、剥削与权力的形式逐渐显现。我对马林诺夫斯基定义的唯一异议,是其将人类学铭刻在了一种统一的话语中,其中的每个方面,如野蛮人、神、西方、动物,都是一条先验链的组成部分。于我而言,我更愿意把典型后现代或"去现代"思想作为我的出发点。[17] 讽刺的是,无论是在事实上抑或理论上,纯洁的、崇高的和辩证的整体并不存在,我们面对的是一个混杂和分裂的世界。在这部作品中,我想把它(微带笑意地)锁闭在隐喻的笼子里:换言之,锁在一种元语言的监狱中。这样有助于衡量束缚我们的锁链,并邀请我们将其打碎。

我决定变成一只墨西哥钝口螈,因为墨西哥钝口螈的拼写有 X![1]

---

[1] 墨西哥拼写美西螈(为显示区别,此处使用了其另一名称"墨西哥钝口螈")一词为"axolote";其他西班牙语国家一般拼写为"ajolote",不含字母"x"。墨西哥独特的拼写方式来源于纳瓦特尔语传统,意为"水中的怪兽"(axolotl)。因而,是否包含字母"x",可以理解为是否存在墨西哥性。

第一章
拟像

自然界中真实存在的只有个体。那些属、目和纲,都只存在于我们的想象里。

——布丰(G. L. Buffon),
《自然史》(*Historia natural*)

他通过居维叶街的角门进入花园,慢慢走向布丰在两个世纪前设计的迷宫。他略略奋足,登上一座小山,从凉亭中忧郁地注视着植物园[1]中枝叶凋敝的树木;他转过头,感受扑面而来的风,余光瞥见清真寺,感觉耳畔萦绕着宣礼员的唱诵。这个二月的清晨非常寒冷;他是从蒙帕纳斯公墓沿着林荫路踱来的,在那里只停了一小会儿,带着好奇观望着萨佩特里尔医院,似乎试图聆听夏尔科(Jean-Martin Charcot)的上课声。

他从小山上下来,朝水族馆走去;买上一张门票,心不在焉地听着老门卫的寒暄,老人已经习惯了他三不五时的造访。

"早上好,科塔萨尔先生。"老人打着招呼。

他直奔美西螈区。其中的一只,将头靠在水族槽的玻璃上,一双金色眼睛直直地盯着他。胡里奥·科塔萨尔[2]立即

---

[1] 巴黎植物园,始建于1626年,法国大革命后被设为法国国家自然历史博物馆所在地,并添设动物园,进行生物展览和研究。布丰(1707—1788)曾被任命为植物园管理员,主持园林设计。巴黎大清真寺和萨佩特里尔医院都位于植物园附近。

[2] 胡里奥·科塔萨尔(1914—1984),阿根廷作家。写有知名短篇小说《美西螈》,讲述其前往巴黎植物园观看美西螈并最终转化为一只美西螈的故事。本章即是基于该小说的游戏式发挥。

认出了它：无疑，这是阿方索·雷耶斯[1]。事实上，这只美西螈正在模仿那位西班牙语作家的口气对他讲话：

"我决定变成一只墨西哥钝口螈，因为墨西哥钝口螈的拼写有X！"

30　这时科塔萨尔注意到，这只美西螈宽阔的额头上有一个明显的"X"。他想，它应当是一个有意识的存在，却囿于身体和种类，永远陷于无尽的沉默和绝望的深思。

"我的头颅，"美西螈悄声说，"是印第安人的头颅；但其中包含的灰质却是欧洲的。我是一个矛盾体……"

这是著名的梅斯蒂索两栖动物，胡里奥·科塔萨尔想。

"这就是梅斯蒂索两栖动物"[2]，雷耶斯对他说。如果这是令人愉悦的，且能够享受两种环境，不失为一件美事。不幸的是，事实并非如此，而是像寓言家所说的："既不能像鲇鱼一样游泳，也不能像扁角鹿一样奔跑。"它看起来无所不能，其实身无长物。

阿方索·雷耶斯面无表情，唯一的特征是一双眼睛，两只完全是金色透明的、如大头针顶端的眸子，死气沉沉地望向周

---

[1] 阿方索·雷耶斯（1889—1959），墨西哥最伟大的作家之一，超现实主义和拉丁美洲魔幻现实主义的先驱。
[2] "梅斯蒂索"一词原义为"混血儿"，在西班牙殖民美洲时期成为拉丁美洲地区白人和原住民混血所生人群的称呼。"梅斯蒂索两栖动物"为阿方索·雷耶斯基于美西螈而对墨西哥人的比喻，见本书第14页。

遭。它被科塔萨尔那好似穿过金点的目光所穿透，迷失在一片透明的秘境里。忽然间发生了换位，胡里奥被埋进了美西螈的孤独里。

"如果我们不动，时间就不会那么难挨，"科塔萨尔对着征服者胡子拉碴的大脸说道，后者正在水面外盯着自己。

雷耶斯在离开水族馆时想，美西螈们的灵魂带着那种审慎。这种审慎在诗歌领域被称为"黄昏派"[1]。

"好吧，"阿方索·雷耶斯在脑海中大声说道，沿着医院大道匆匆而行：这种矜持、这种束缚、这种不信任、这种对于怀疑和验证的持续需求，使美西螈们在某种程度上成为《方法论》的自发信徒和天生的笛卡尔主义者。

他沿着圣马赛尔大道继续前行，拐上皇港大道。他希望能够准时赶到蒙帕纳斯公墓：在1984年这个阴郁的早晨，前一天去世的胡里奥·科塔萨尔正在此下葬。他记起到达公墓大门时，美西螈作为告别的喃喃低语：

"在最后的孤独里，你已不再来了。想到或许有人会写下一些关于我们美西螈的文字，这让我感到非常欣慰。"

---

[1] 20世纪初在意大利形成的诗歌流派，风格忧郁颓唐，代表诗人为圭多·戈扎诺（Guido Gozzano）。

第二章
倾覆的伊甸园

任何逻辑的运行,似乎都不能将我救出那个难以承受忧郁的逻辑囚牢。

——路易·阿拉贡(Louis Aragon),
《农民的梦想》(*El sueño del campesino*)

农民们总是给现代社会投下怀旧和忧郁的长长阴影。他们是一个一去不返时代的幸存者,他们的记忆唤起内心的伤痛。这种情绪可以蔓延至整个社会,从而产生一种文化与政治现象:这种"反现代的内心伤痛"曾被拉蒙·洛佩斯·贝拉尔德(Ramón López Velarde)在诗作中提及。诗作的开头是这样的:

> 最好不要回到村镇,
> 不要回到在枪火荼毒中沉默的
> 倾覆的伊甸园。

我不愿提议重返被倾覆的伊甸园,亦不愿对田园世界的特性进行研究。相反,我力图对现代文化创造或发明属于自己的失乐园的方式进行反思;我想明晰资本主义工业社会的模式:执着于找寻一个秘境,设想那里已经失去了原始的纯真和本初的秩序。这就像是对其自身矛盾的一种**反应**。

和许多国家一样,在墨西哥,对于农业历史的再现也成为了民族文化构建的重要组成部分;在我看来其意义恰如拱顶石,缺少这一部分将导致文化大厦连贯性的坍塌。但在这里,我想说的并非那个一目了然的事实:民族文化从前工业时期的历史和农民们的灰烬中汲取养分。相反我想强调的是,一个神话般的伊甸园被**创造**出来的过程必不可少,这不仅仅是为了因其毁灭而产生的负罪感[1]，更是为了勾勒出有凝聚力民族的轮廓；同样不可或缺的，是要给被高速抵达的现代性所扰乱、被工业化新生活中的矛盾所震动的社会带来秩序。来自城市和现代文明的思想，将这些农民当作鬼魂，如同佩德罗·巴拉莫[1]（Pedro Páramo）一般，成为集体记忆中的模糊印象：他们是被缅怀的祖先，如同我们头脑中的一只幼虫，不断进行自我繁殖。这种由民族文化创造的伊甸园式空间，是一种真正的敌托邦：它的作用是划定民族身份，定义"真实的"民族存在，反对所有企图改变（或污染）它的乌托邦。在这个意义上，倾覆的伊甸园可以被定义为"考古乌托邦"，如今的人们想象在一个古早的处所满溢着幸福，但这种幸福是过去时的、枯萎的，安眠在秘境深处，被墨西哥革命的滚滚洪流所掩盖。对它，我们只能感受到一种忧郁的情感。在某处，"现在"与"过去"相混淆，从而将"未来"排除。毋庸置疑，胡安·鲁尔福（Juan Rulfo）的作品最好地揭示和描述了这种破碎幸福的原始状态；卡洛斯·富恩特斯（Carlos Fuentes）[2]以极大的洞察力发现了在胡安·鲁尔福作品中后天演化学神话的存在："在上述神话里，原始的团结丧失在历史的干预下。"富恩特斯补充道："这场历史性的斗争可以史诗般地展开，如同对人类力量的赞颂；抑或可以悲剧性地展开，像是对在力量面前丧失最初团结的叹惋。"[2] 在我看来这不仅适用于鲁尔福的作品，同样也适用于相当一部分当代文化。

---

[1] 佩德罗·巴拉莫是墨西哥魔幻现实主义作家胡安·鲁尔福（1917—1986）创作的小说《佩德罗·巴拉莫》中的人物，在故事一开始就已经离世，由其他人物的回忆进行塑造。作品以非线性时间叙事展开，将过去和现在、生者和鬼魂的故事穿插在一起。

[2] 卡洛斯·富恩特斯（1928—2012），墨西哥小说家、散文家，创作有大量表现墨西哥历史和现实的文学作品，被誉为"墨西哥的巴尔扎克"。

然而，我认为想象中倾覆的伊甸园的文化孕育，不只是卡洛斯·富恩特斯提及的后天演化学原始神话的结果。我们也见证了一个新神话空间的创建：一个现代的、被赋予了（很大程度上）未知且未被探索的力量的新空间。由于这个原因，相较于回溯其起源，我更倾向于探究另一个方向的线索：它在现代社会中的作用。在这个意义上，需要强调这个失乐园（被击败的善良野蛮人）的神话力量不仅在于其历史深度，也在于它构成了现代文化和政治协调网络的一部分；该网络存在自生动力，与原始神话集的特点不尽相同。主要区别在于，当前对于倾覆的伊甸园传说的阐述，是宽泛意义上规模庞大的政治合法性体系的一部分。其有效性不只来自于再现了深刻的心理原型（也并非主要原因），更源于再现（重新构建）了更为深刻的社会冲突结构。

对这种规模庞大的合法性体系的初步研究（我在另一篇文章[3]中称其为政治权力的虚构网络），向我们提示了其二元性与辩证性特征：换言之，将社会冲突转化为一种内在的两极对立，通过创建各种调解方法来化解矛盾。这样，就倾覆的伊甸园而言，我们发现这个意象将两种伟大的节奏分离开来：原始时间节奏和历史时间节奏。重建昔日神话般的乡村，与工业社会真实的恐怖形成了对立。显然，在这里我们找到了荣格学派著名的雅努斯（Janus）范式[1]：过去与未来的对立，向后与向前的对立。这种两极对立深深渗透到西方思想之中；但当其在"第三世界"社会的极端情况下展开时，这种对立呈现出一种怪异

---

[1] 雅努斯，罗马神话中的门神，也是开端与结束之神。传说中雅努斯有两张面孔，分别看向过去和未来。荣格心理学派用雅努斯来描述将对立矛盾的事物和现象一起观察思考的思维范式。

而模糊的形式,甚至有时接近疯狂的境地[4]。

现代社会的革命霰弹给昔日农村和农民造成的创伤仍未痊愈。通过这个伤口,政治文化得以喘息:以破碎了的过往的名义,它创造出今日之人的形象,又一点点将其与"倾覆的伊甸园"神话相对应。如此,(从征服开始到革命结束)这场巨大悲剧所造就的墨西哥人,成为了住在损毁的灵薄狱里的、幻想和神话的居民。落后与欠发达最终被视为失去了原始的纯真后永久和静止的童年的表现。

倾覆的伊甸园神话是墨西哥文化取之不尽的源泉。目前墨西哥民族性定义的内在结构源于这一神话。因此人们普遍认为,从历史中走来的墨西哥人思想停留在旧日,他们与现代的悲剧性关系迫使他们周而复始地复制自身的原始状态。阿方索·雷耶斯的隐喻,恰恰可以栖身在这种矛盾中。他表示,墨西哥人是梅斯蒂索两栖动物:他们承受着现代性的所有罪孽,却依然沉湎于黄金时代。他们所处的被倾覆的伊甸园,是一个被困在两种神话裂缝之间的、永恒的瞬间:在原罪之后,女人和男人尝到了知善恶树的果实,却还没有被驱逐出天堂。在这个悲惨而奇妙的瞬间,人类已经被过错和罪孽所累,但仍然享受着幼时本性的善良。

倾覆伊甸园的神话注定要在工业社会的历史中深深扎根,它并不是一段过眼云烟般的神话。因此,基于当前墨西哥现实对其进行研究非常有意义。除此之外,对它造成刺激的"创伤"

依然处于历史地平线之上：墨西哥革命[1]和随之而来的工业化。但是在墨西哥，由于两个主要原因，它获得了史诗般的维度：首先得益于这个进程的古老性。它始于西班牙的征服，并以不同文化间冲突与融合的形式出现；其次则是"矛盾性与戏剧性"，因为农业世界的终结始于20世纪最伟大的农民革命之一。

这部虚构史诗中的英雄是一位罕有之人，他属于遭受苦难与凌辱的族系。他是一个极度敏感、胆小、多疑和易感的人。⁵这位农民英雄被关在了一座逻辑的牢狱中，被夹在昔日蛮荒的贫苦和如今野蛮的富足之间。这成为了20世纪墨西哥人定义的起点：该定义一直将这位想象中的忧郁者囚禁在一个神话中，而这个神话持续不断地被一帮诗人、哲学家、心理学家、小说家和社会学家丰富着。他们所有人在第二个千禧年末，以那位墨西哥人之名，感受到"对死亡的怀恋"；这个比喻的创造者、伟大的诗人哈维尔·比利亚鲁迪亚（Xavier Villaurrutia）[2]，以忧郁的文字描述了那场先于我们的古老死亡。

> 回到远方的故乡，
> 回到被遗忘的故乡，
> 故乡因被流放于
> 这片土地之上而悄悄变形。

让我们接受邀请，开始穿越回那个神话的故乡，那个被称为墨西哥民族之源的岌岌可危的天堂。

---

[1] 墨西哥革命，即墨西哥在1910年以来围绕政治民主、土地改革等问题在各个派别之间爆发的一系列武装冲突。通常认为革命基本结束于1917年或1920年，但直到1930年代墨西哥政局才总体稳定。革命通常被视作墨西哥当代史的开端，是20世纪世界影响力最大的革命之一。

[2] 哈维尔·比利亚鲁迪亚（1903—1950），墨西哥诗人、剧作家。其创作对20世纪墨西哥文学具有深远影响，墨西哥国家文化艺术委员会和国家艺术学院主办的官方文学奖项便以他的名字来命名。

他们是在性爱中保留了原始的天真,还是性欲过早成熟?

第三章
幼态性成熟　　　　　　　　　　41

儿童是成人的父亲。

——威廉·华兹华斯(William Wordsworth),
《威斯敏斯特桥上》(*Upon Westminster Bridge*)

天堂里的居民是不变的,因此不需要繁衍后代。如《创世纪》所言:"当时,男女二人都赤身露体,并不害羞。"[1]但后来,众所周知,蛇来到了伊甸园,并且引诱了女人。

奇特的是,在自然科学中也找到了与这种原罪神话相似的情境。事实上,对人类起源的一种重要解释告诉我们,智人这个物种是由我们的早期祖先发展而来。当我们阅读生物学家们的研究时,华兹华斯的诗句就呈现出了另一个维度:

> 古尔德说:"关于我们起源的恐怖真相是显而易见的,我们通过保留祖先年轻的特征而实现进化。这个过程的专业名称叫作'幼态延续'(字面意思是'保持年轻')。"[1]

幼态延续,与另一个名字更接近《创世纪》神话传说的现象"幼态性成熟"相似,意味着在动物身上保留着幼体的特征,然而有能力进行繁殖。"幼态性成熟"则表现得更像一种真正魔鬼般的现象:这是一种保持幼态、避免衰老的可能。两只幼虫、两个孩子,做爱和繁殖:它们的后代在出生之后、成年之前,即具有了同样的繁殖能力。就这样,一个新物种诞生了。荷兰解剖学家、人类幼态延续研究的先驱路易斯·博尔科(Louis

---

[1] 据《圣经》思高本译出。

Bolk)这样总结他的观点:"人,在其身体发育中,是一种已经性成熟的灵长类动物胎儿。"²博尔科描述了人类与猴类和猿类胚胎之间的许多相似之处,以支持其理论:圆球状的颅骨;"少年化"的面部(挺直的轮廓,较小的下巴和牙齿);颅骨缝隙(囟门)的晚闭合(允许大脑在出生后继续生长);强壮的脚上短粗且不相对的脚趾(帮助我们直立行走);枕骨大孔的位置在颅骨底部,朝向下方(使得我们在直立姿势时可以朝前看);女性的阴道朝向肚子(这样我们得以非常舒适地面对面交配)。这些都是许多哺乳动物,特别是猿猴胚胎的特征;而随着猿猴胚胎的发育,这些特征逐渐消失:颅骨拉长;面部"变硬";颅骨骨缝闭合;大脚趾变得相对,下肢可以抓握;连接脊椎的颅骨孔位置后移(这样便于在四足着地时目视前方);阴道向后旋转(因此雄性只能通过臀位与雌性进行交配)。总而言之,人类保留了其祖先的胚胎与幼态的特征,使其可以施行许多与生俱来的动作,如用双足走路,用双手劳动,以各种各样的姿势交媾。

严格来讲,"幼态延续"与"幼态性成熟"并非同义词。尽管这两种情况都保留了成熟前的特征,但在"幼态延续"中,这是由于躯体发育延迟所致;而在"幼态性成熟"中,则存在着性早熟。一些是具有儿童特征的成年人;另一些则是早熟的孩子。我们不知道伊甸园中发生了什么:他们是在性爱时保留了原始的天真,抑或是性欲的过早成熟?³

幼态性成熟(与幼态延续)的概念并非单纯的猜测,而是动物学家们实际观察到的一种现象。关于幼态延续被引用最多的例子莫过于我们的美西螈,那种奇怪的墨西哥两栖动物。

围绕着美西螈的故事和传说已经混为一体。美西螈是蝾螈的水生幼虫；它有能力通过繁殖，保持自己永恒的青春，从而避免变态[1]。正如人们所看到的，美西螈对我们而言，并不像其怪异奇诡的外表那样陌生。

---

[1] 此处的变态是指两栖动物适应陆地生活的变态。也就是说，美西螈在性成熟后也不经历上述变态，而是保持其水栖幼体的形态。

第四章
原始的哀伤

……墨西哥缓慢、忧郁和悲伤的节奏,
那个墨西哥,不同种族所汇之地,
政治与社会冲突的古老舞台……

——马尔科姆·劳瑞(Malclom Lowry),
《火山下》(*Bajo el vacán*),法文版序言

墨西哥文化用怀旧的丝线,编织了农民英雄的神话。民族的圣像不可避免地将农民群体变成了戏剧人物和历史受害者。在墨西哥革命遭遇重大挫折后,他们被淹没在了自己的土地上。农民的文学性重建是一场哀悼仪式,是在现代性和进步的祭坛上,献祭撕碎身上衣物的牺牲者。

何塞·雷韦尔塔斯(José Revueltas)的小说《人类的哀伤》(*El luto humano*)[1],是这种神话最为明显的例子之一:作品讲述了一些被大洪水困住的农民守护一位小女孩尸体的故事;他们死于溺水并被秃鹫追赶,似乎他们是墨西哥革命的腐肉。作为征兆,故事的中心人物被称为亚当:在讲述他的故事时,他的尸体漂浮在水面。而在结尾,则是一幅典型画面:"第一只秃鹫落在亚当的躯体上,它长着粗壮的脖子,双翼扇动起来嗡嗡作响,就像一只巨型蟑螂的翅膀。"

乡村世界的塑造总是需要被献祭的旧日形象;由于这个原因,这种形象以并行方式构建,非常类似于心理学和文学依赖的那个无所不至的西方原型:**忧郁**。

---

[1] 何塞·雷韦尔塔斯(1914—1976),墨西哥作家、革命家。其作品《人类的哀伤》以河流泛滥,建设灌溉系统和大坝为主题,象征墨西哥人民遭受的苦难和革命政府试图带来的改变和希望,并以大坝开裂象征作者认为革命政府的失败。

事实上,忧郁的典型症状,与社会学和人类学传统赋予农民的各种特征极其相似。精神科医生所说的忧郁—狂躁二元性,与人类学家所说的农村—城市两极反差惊人相似。雅努斯的原型深深地印在这两种范式之中:沉没的过去和炸裂的未来之间的对立,把农业世界与工业世界分隔开来。从现代视角来看,农民群体是被动的、对变化无动于衷的、悲观的、逆来顺受的、怯懦的和孤僻的。[1]

古典精神病学用于定义忧郁症患者的是他们的迟钝、阴郁的麻木、悲伤、苦闷与倦怠,以及他们的恐惧和对孤独的强烈渴望。只需要翻开精神病史中关于忧郁症的几页,就可以立即辨认出鲁尔福在《佩德罗·巴拉莫》中所描述的阴沉的科马拉。

"忧郁的情绪"与大地和秋天有关,并被恐惧和悲伤所定义。根据托马斯·威利斯(Thomas Willis)[1]的说法,这是一种"没有高烧和狂乱的疯癫,伴有恐惧与悲伤"[2];因此,有人说忧郁症患者喜欢独处。福柯表示,这种没有到达暴怒程度的被动疯癫,"是软弱无力的疯癫"。这里有一种苦闷与倦怠的绝望。福柯说,在忧郁症中"元气是阴沉暗淡的;它们给物象罩上阴影,形成一种晦暗的涌流"[2][3]。这也可以被看作对圣胡安·卢维纳农民们的指代,如鲁尔福所言:"在那个死气沉沉的地方,连狗都死光了,这寂静都没有狗叫声相伴了。"

对农民群体的刻板印象,如他们的忧郁,已经变成了所谓"墨西哥性"与民族文化中最重要的构成元素之一。有必要意

---

[1] 17世纪英国著名医生、神经解剖学家、精神病专家。
[2] 译文参考刘北城译本。

识到,所谓"墨西哥人的存在"中相当一部分,不过是将自古以来西方文化中针对底层乡村和农民群体臆造的一系列共同特点与思想类型移植到文化领域。就像在雷韦尔塔斯的小说里,农民的尸体在民族意识中漂浮了很长时间;因此,这种意识常常呈现出恋旧与忧虑的双重感觉,而这正是忧郁症特有的症状。人们开始坚信,在现代性风潮之下(尤因革命而加剧),长眠着一个神奇的阶层,一座被淹没的伊甸园,如今我们只能与之保持一种忧郁的关系。只有通过深深的怀恋,我们才能和它产生联系,与其中的存在进行交流:因为这些伊甸园中的存在也是忧郁的存在,不可能与其产生物质联系。然而,他们却是"墨西哥人的存在"的理由:

> 女人,我将把在忧郁中祈祷的不可能的爱情
> 从我身上连根拔掉,
> 虽然孤独的灵魂尚在
> 信仰则将逃离我可笑的激情。

洛佩斯·贝拉尔德[1]在1905年左右写下了这首诗;忧郁的观念在某种程度上已经成为一种思维定式,牢牢地根植于其时墨西哥知识群体的意识中。1901年,一项真正有趣、也颇具开创性的关于墨西哥人"社会精神病学"的研究以不容置疑的判断与学术的严肃性确立了墨西哥人的性格特征。在胡里奥·格雷罗撰写的这份研究报告中,许多关于墨西哥人性格特征的描述,被几十年后的多位作家重拾并发展成了所谓的"墨

---

[1] 洛佩斯·贝拉尔德(1888—1921),墨西哥诗人。其作品受法国现代主义影响,表达墨西哥的主题和情感体验。其被视为墨西哥现代诗歌的开端,在墨西哥诗歌史中占据中心地位,被墨西哥人视为比肩查尔斯·波德莱尔的大文学家。

西哥人的哲学"。这些作家包括萨穆埃尔·拉莫斯、埃米利奥·乌朗加、豪尔赫·卡里昂、奥克塔维奥·帕斯、圣地亚哥·拉米雷斯等。在这里,我只想转述胡里奥·格雷罗对于忧郁的独特思考,请原谅我冗长的引注:

> 当氛围不足时,精神就会沉静下来;但这种反应是压抑的;这就是为什么离开酒精的墨西哥人,虽然并非天性悲伤,却有着长期的忧郁症状;这可以从墨西哥诗人自发的挽歌声中得到佐证,可追溯到内萨瓦尔科约特尔(Netzahualcóyotl)[1]时期……在现代层出不穷的浪漫主义作家;用小调谱写成的墨西哥流行音乐;那些军乐队在公园黄昏风中演奏的满是忧郁的舞曲,饱含着叹息和啜泣;以及那些脍炙人口的歌曲,伴随着吉他声,在月夜里的邻里间家中唱诵……我们生活的环境常常将印第安人的庄重与卡斯蒂利亚人的严肃转变为忧郁倾向。[4]

49　以这种思维方式为出发点,胡里奥·格雷罗开始编织墨西哥人多种侧面或面具的神话。他们兼具凶残与厌世、戏谑与冷静、随心所欲与迟缓怠惰、野性十足与胸无大志。[5]

　　值得注意的是,在建构和发明国家的过程中(也是形成民族性格的过程中),我们常常遇到与"他者"自相矛盾的对抗。在这种对抗中,自我意识的空间逐渐被思维定式和优势观念所占据,而这些思想又对特定国家居民的行为产生了相对影响。

---

[1] 内萨瓦尔科约特尔(1402—1472),前哥伦布时期墨西哥城邦特斯科科的统治者,同时也是重要的纳瓦特尔语诗人。其统治时期被视为墨西哥在被殖民前的黄金时代。

我们来看一个例子：不难追溯到断言"墨西哥人是缺乏意志力且懒惰的"这一看法的起源（在欧洲，这种观念也蔓延到了拉丁人和斯拉夫人身上）；但即使承认这种观点的殖民主义与种族主义根源，毫无疑问，它也在某种程度上被民族主义意识所接受、阐述与重估，以爱国主义的自豪感对抗盎格鲁-撒克逊人持有的实用主义价值观。这种民族主义意图在卡洛斯·查韦斯（Carlos Chávez）[1]的交响乐《马力》（*Caballos de vapor*）中表现得淋漓尽致。在作品中，音乐家将热带的繁茂与北方强劲的工业化节奏形成了鲜明对比。迭戈·里维拉（Diego Rivera）[2]影响了这部交响乐的创作，也在多幅壁画中表达了同样的想法。

因此我们发现，在民族性格的创建中，存在着对于我们体内"野蛮他者"的追寻。这位他者是我们的先祖，我们的父亲：他让祖国大地变得丰腴肥沃，但同时又以原始的野性使她黯然失色。在这一点上，我们或多或少在所有民族主义情绪中观察到了忧郁的成分。奇怪的是，我们发现这与宗教情绪形成的某些方面有些相似；这怎会不让人联想到中世纪的卡斯蒂利亚人，为了塑造信仰的空间，"去往异教徒中寻找殉道"的强迫症呢？这是圣特蕾莎[3]的最初冲动，她在幼年时就怀有强烈的愿望去面对摩尔人，即要对她施加折磨的"他者"。最终，圣特蕾莎转向内心寻找上帝之城，并对忧郁进行批判，因为她在其中

---

[1] 卡洛斯·查韦斯（1889—1978），墨西哥著名古典音乐作曲家、指挥家与乐团经理人，创立了墨西哥交响乐团，其创作风格受原住民音乐影响颇深。
[2] 迭戈·里维拉（1886—1957），墨西哥壁画运动的领军人物，其全部作品均为墨西哥规定的国家古迹保护对象。他的主要绘制题材包括墨西哥历史上的斗争和受到机械化工业压迫的底特律无产阶级。
[3] 阿维拉的特蕾莎（1515—1582），西班牙天主教修女，反宗教改革和基督教神秘主义的代表人物之一，幼年时便尝试前往摩尔人中殉教。

感觉到——并非没有一定的道理——一种实现自我意志方式：不仅逃离了现实，也逃离了上帝。

但在忧郁的语境中，意志也常常以殉道为导向：意识与那些野蛮的祖先，那些灵魂的异教徒对立，不得不憎恨他们，然而又要把他们作为恐怖的伤痕与畸形向外展示。也许这就是为什么在墨西哥作为整个民族象征的神话人物是佩拉多（pelado）的原因。他们是在城市中的农民群体，他们身负着矛盾：他们失去了乡村的伊甸园，也并未寻得应许之地，近乎于溺亡在城市中。在佩拉多身上，恢复了粗鄙者们（lépero）[6]波菲里奥主义者[1]与新西班牙人的恐怖形象；这些社会底层的粗鄙之徒曾经被19世纪的科学家们视为恶行、兽性与祖辈残忍的无底深井，如今又以佩拉多的身份重新出现在革命后知识分子的眼中，拉莫斯和帕斯认为他们无疑被一种自卑感所支配，其中隐藏着人类孤独的复杂悲剧；抑或按亚涅斯（Agustín Yáñez）的说法，他们作为处于自然状态下的墨西哥人重新出现，其"真实的原始主义"、暴力与不值得信任却揭示出"自由意志"与"骄傲的苦难"，呈现出一种矛盾的存在[7]。这些简短的图像已经为我们勾勒出了一个屈辱英雄的模糊轮廓，他是一场伊甸园式的残酷大戏中第一位虚构的居民。

自上个世纪以来，墨西哥知识界经常通过忧郁的香氛来召

---

[1] 波菲里奥·迪亚斯（1830—1915），墨西哥史上在任时间最长的总统，其独裁统治时期为1876—1911年，最终被墨西哥革命推翻。迪亚斯统治时期以孔德实证主义的"秩序与进步"为指导理念，在政治上奉行独裁统治，主张"科学家"精英治国；在经济上主张引进外国资本，推进自由市场经济。墨西哥人将波菲里奥·迪亚斯体制的支持者称为波菲里奥主义者。

唤这类先祖。他们相信,只有忧郁的狂喜,才能让墨西哥人与在错误的时间、用废弃的材料建立在历史边缘的祖国古老深厚的大地沟通。这就是为什么如此多墨西哥知识分子选择用忧郁的颜料来描绘民族文化的轮廓。如果我们稍作停顿来检视一下这个问题,就会发现这不是墨西哥文化独有的现象,而是一个具有巨大历史意义的问题[8]。事实上,在整个现代拉美文学中,我们都能找到忧郁态度的痕迹;不需要怎么下功夫找寻,我们就可以遇见鲁文·达里奥(Rubén Darío):

在这喘息与痛苦的吞吞吐吐中,
心忧伤的我背负着几不能承受之痛。
你没有听见么?我的忧郁点滴落下

在许多地方,都听到了这种悲伤的滴落。在墨西哥,这种说法得到了延续。例如路易斯·贡萨加·乌尔比纳(Luis G. Urbina)在其1909年的著名作品《旧泪》(Vieja lágrima)中言道:[9]

今天我不哭……如今我的生命干涸,我的灵魂静谧。
然而……为什么我感觉泪就这样坠落,一滴一滴,
一眼取之不尽的温柔之泉,
一条没有尽头的悲伤之脉?
谁知道呢!不是我:是那些曾经的人;
是我悲伤的祖先;是我的种族;
痛苦的灵魂,被鞭笞的肉体;
千年无望的渴求,神秘的希望,
粗暴且野蛮的忧郁,
无能和狂野的愤怒,

在这些诗句中,可以发现墨西哥版本的、堂吉诃德曾经被确诊的忧郁的疯狂。这种疾病在四个世纪的西班牙语诗歌[10]中被提炼出来,直至触及现代的孤独,如安东尼奥·马查多(Antonio Machado)的诗作:

> 我不晓得古老的快乐传说,
> 只知道旧日的忧郁故事。[1]

是的,这是一个非常古老的故事。当我们谈论忧郁时,我们沉浸于思想与意象的洪流中,它在欧洲历史中有一道漫长的轨迹。我甚至可以说,忧郁的思想构成了西方文化的基本轴线之一,惊人地跨越了千年时光:从古老的亚里士多德和希波克拉底思想到新近的现代主义,跨过了中世纪的基督教,照亮了文艺复兴精神,遮蔽了浪漫主义者的目光。当墨西哥文化将忧郁作为其特有标志之一时,事实上是将自己与西方历史的巨大旋涡相连接,并融入其中。

忧郁的历史有着许多方面,而我们会感兴趣的可能是其中两处。一是将我们导向堕落的悲剧。就像我之前指出的,导向殉道:囿于古老的罪孽,灵魂遭受着前所未闻的痛苦与悲伤,直至疯狂。另一个方面引向英雄或天才的戏剧,他们必须背负沉重的忧郁,以换取审视世界与创造所需的洞察力:这是知识与权力的恐怖代价。这两个方面,在墨西哥现代文化中均有所

---

[1] 鲁文·达里奥(1867—1916),尼加拉瓜诗人,西班牙语现代主义文学之父。路易斯·贡萨加·乌尔比纳(1864—1934),墨西哥著名诗人,作品介于浪漫主义和现代主义之间。安东尼奥·马查多(1875—1939),西班牙诗人,西班牙文学"98世代"的领军人物。三人均为在拉丁美洲具有深厚影响力的文学大家。

体现。

一位对现代民族意识的制度化有决定性影响的作家——马丁·路易斯·古斯曼[1]，与其之前、之后的其他知识分子一样，在革命的动荡中痛苦地寻找墨西哥悲剧的根源。他精确地定位了两个痛点。首先当然是"悲伤的祖辈"："自征服以来，或者说科尔特斯征服时代之前"，他告诉我们说，"印第安人一直在那里，萎靡恭顺、善恶不分、没有良知，灵魂变成了简单的按钮，甚至无力承载希望"。然而其次，墨西哥政治的系统性失德必须是源自一种"先天的恶"，马丁·路易斯·古斯曼如是说。确实如此：

> 在我们自治生活的黎明（也是独立战争的动机），出现了民族形成过程中的真正缺陷（不幸不可避免）：墨西哥人不得不在将祖国作为一种单纯理想来理解和作为一种高尚冲动来感受之前（换言之，配得上它之前），把它建立起来。¹¹

所有的现代墨西哥人，都必须以某种方式为这些原罪付出代价。

但忧郁史的另一面，让我们想到墨西哥民族意识形成的一个不太明显的维度；它与困扰知识界的、最古老的话题之一有

---

[1] 马丁·路易斯·古斯曼（1887—1976），墨西哥作家、记者。因参与墨西哥革命而被捕入狱，后流亡西班牙，撰写一系列以墨西哥革命为题材的小说，被认为是墨西哥革命小说的奠基人之一。后期在墨西哥革命政府长期任职，从 1959 年到 1976 年逝世期间作为墨西哥义务教育教科书委员会主席主持相关工作。

关。它是由亚里士多德提出的、基于希波克拉底医学的四种体液学说之一——黑色胆汁,其曾在定义一种疾病(忧郁症)乃至一种特殊精神状态方面有着日益增加的重要性。这就是亚里士多德著名的《问题集》第三十卷的首问:"为什么所有在哲学、诗歌或艺术方面表现杰出的人显得很忧郁,其中有些人甚至到了由黑色胆汁引起疾病的程度?"[1]

亚里士多德的回答将酒的醉人作用与黑色胆汁的影响做了一个类比:他描绘了忧郁天才的不凡特性(虽然是病态的),忧郁天才在狂喜中得到众神的启迪。疯狂与天才是相近的现象,常常被混为一谈。文艺复兴精神将这一古老的思想从遗忘中拾取,并将其与依然留存的盖伦主义传统相联系。这就产生了费奇诺(Marsilio Ficino)在其《生命三书》(*De vita triplici*)(1482—1489)中对忧郁的天才做出的新柏拉图式的解释,这些解释曾经产生了相当大的影响。从那时起,忧郁将成为文学与艺术中非常重要的一部分:丢勒(Albrecht Dürer)将会创作出他著名的版画;罗伯特·伯顿(Robert Burton)也会写就其不朽名作《忧郁的解剖》(*The Anatomy of Melancholy*),于 1621 年在牛津出版。忧郁症将成为伊丽莎白时代英国文化高层的典型病,并被德国浪漫主义所吸收,变成 19 世纪现代主义必不可少的一部分。[12]

从那时起制定了智力游戏的某些规则,其中的一些至今仍然有效。透过忧郁,艺术家和作家(还有政治家:谁没听说过总统的孤独呢?)与社会和灵魂中幽暗的力量建立了联系,并且和原罪的悲剧形成了崇高的接触。忧郁驱使天才在狂喜中超越

---

[1] 译文参考苗力田主编《亚里士多德全集》(第六卷)。

人类:这种狂喜使灵魂远离肉体,又被一种对其所抛弃的世俗性的深切怀恋所驱使。因此,爱情、性高潮、醉酒或战斗中的勇气都被认为是狂喜的形式。模仿丢勒《忧郁》中天使的表情和姿势的人被认为是富有远见的,其思想深度值得钦佩:他承受着古老的悲伤,用痛苦提升其精神,就像哈姆雷特一样。也是从中世纪晚期开始,**悲伤**被认为是一种贵族情绪,暗示着一种高贵的感性;而基于超过千年的希腊与拉丁传统,忧郁则暗示着天才。在忧郁状态下,天才与愚者、作为特例的人类与一般的野兽、文明人与农民危险地汇合在一起。但忧郁有着不同的类型:罗伯特·伯顿引用杜·劳伦斯(André du Laurens)的说法评论道,忧郁的情绪"应是由血液和一些抑郁之物混合而成,如此验证了亚里士多德古老的箴言,'没有混合疯狂的伟大智慧是不存在的'(nullum magnum ingenium sine mixtura dementia)"。[13] 可怕的危险是,天才会堕入野蛮和粗鲁的疯狂形式:就像医生诊断的忧郁症患者一样。这种忧郁的疯狂甚至可以上溯到16世纪新西班牙医生的诊断:"……病人突然出现强烈的悲伤和用刀砍伤所遇之人的欲望……"洛佩兹·德·伊诺霍索斯(López de Hinojosos)解释道。另一位医生,奥斯丁·法尔范(Agustín Farfán)对忧郁症进行了描述:"恐惧和震惊充斥于这些人心里,在他们的想象中自己正在死去;对他们来说,似乎每一步都在走向尽头。"1607年,胡安·德·巴里奥斯(Juan de Barrios)如此定义这种疾病:"这是一种不发烧的谵妄,但伴随着恐怖与悲伤;患有这种疾病的部位是大脑,想象力被忧郁的情绪所腐坏。"[14]

知识分子发现,尽管如此,也存在一种纽带将他的痛苦与社会底层的恐怖苦难联系在一起。社会的渣滓、最贫困的农

57　民、乡野的饿殍,都与文人存在共通之处——孤独。正如奥克塔维奥·帕斯所说,这种孤独"是对我们被夺走身体的一种怀恋"。[15] 灵魂从既是天堂又是尘世的子宫中被剥离,游荡着寻找一个新的黄金时代,一个新的家园。在这段旅程中,大多数人都迷失在了黑色胆汁的谵妄中;但也有一些人达到了一种忧郁的狂喜,使其能够引导他们的人民走向新的应许之地……

它们对变态为蝾螈的抗拒迫使其进行了一场奇妙的革命：
无限复制它们的幼虫原始状态。

第五章
歧义句构

历经许多悲伤和凄凉的阵痛,
历经许多鱼、鸟和野兽的形状,
在从前有虫的地方
产生出一个婴孩的形状。[1]

——威廉·布莱克(William Blake),
《乌里森之书》(*The First Book of Urizen*),第六章第六段

---

[1] 译文参考张德明编译《天堂与地狱的婚姻——布莱克诗选》。

我一直对约翰·沃马克（John Womack）那部有关埃米利亚诺·萨帕塔（Emiliano Zapata）[1]作品的开头心折不已："这是一本关于一群不想改变的农民的书。因为这个原因，他们发动了一场革命。他们从未想象过如此奇特的命运。"在这一点上，美西螈与莫雷洛斯州（Morelos）的农民是一样的，他们对变态为蝾螈的抗拒迫使其进行了一场奇妙的革命：无限复制他们的幼虫原始状态。如此，产生了一个突然的转变，创造出了一个全新的物种。达尔文本人也承认这种转变方式，他在《物种起源》一书中说道："现在知道，有些动物在非常早的时期，即它们的特征没有完全发育成熟之前，便能进行繁殖。如果这种过早的生育能力在一个物种中得到充分发展，则该物种发育的成年阶段便可能迟早要消失。在这种情况下，尤其是幼体和成体的形态差别很大时，该物种的特征便会发生大的改变或退化。"[2]1

由此出现了美西螈：它是火的动物——蝾螈的水生幼态。乍一看，美西螈虽然大很多，但其形态很像蝌蚪，也就是青蛙的幼虫；它也很像精子，且明显具有阳具的形状；它甚至和勃起的

---

[1] 埃米利亚诺·萨帕塔（1879—1919），墨西哥革命的领袖之一。革命期间，萨帕塔以推动土地改革为诉求，在莫雷洛斯州组织南方解放军，与历任墨西哥革命政府时而合作，时而对抗。尽管在革命政府时代萨帕塔的叙事被边缘化，但其在墨西哥农民群体心目中长期具有极高地位。

[2] 译文参考舒德干等译本。

阴茎一样大小。它有着四肢和小小的脚趾，有一条横向摆动的尾巴，外鳃像奇怪的树枝一样从脖子上冒出来。如果美西螈遵循其"正常"发育过程，它将成长为虎斑蝾螈（*Ambystoma tigrinum velasci*, Dugès 1888），一种主要生活在特斯科科湖（Lago de Texcoco）和祖潘戈湖（Lago de Zumpango）地区的两栖动物。这种蝾螈是黑色的，有着黄色的斑纹。另一方面，美西螈生活在索契米尔科湖（Lago de Xochimilco），呈现淤泥的颜色。为什么它不进行蜕变？由于它不这样做，导致创造出了一个新物种。为什么呢？

美西螈蕴藏着一个谜，是由奇怪的符号打成的结。从古代的墨西卡人开始，经由经典的自然主义者，直到现在的作家们，美西螈在自己的周身营造了一种神秘感。美西螈是克察尔科亚特尔（Quetzalcóatl）[1]的孪生兄弟；再之后，它是洪堡（Alexander von Humboldt）的旅伴和居维叶（Georges Cuvier）的客人；在20世纪，它通过胡里奥·科塔萨尔的知名短篇小说与著名生物学家沃尔特·加斯坦格（Walter Garstang）的诗句广为人知²。每当美西螈出现时，"他者""不同者"与"怪异者"的神秘感就会被描绘出来；但是这种描绘是以原始的、幼虫的、图解的形式进行的：因此，它的简单性令人恐惧。美西螈是孤独的一种活生生的隐喻。它属于咕噜（Gollum），即托尔金（J. R. R. Tolkien）的《魔戒》中那位怪胎的诡异血统。我很清楚，如果美西螈不存在，那么洛夫克拉夫特（Howard Phillips Lovecraft）[2]也必然会创造它

---

[1] 克察尔科亚特尔（Quetzalcóatl），即羽蛇神，中部美洲各印第安部族神话系统中最为重要的神祇之一。

[2] H. P. 洛夫克拉夫特（1890—1937），美国著名恐怖、科幻、奇幻小说作家，克苏鲁神话体系的最初创立者。该体系拥有庞大的宇宙观，其中充斥着诡异的生物。

们。但是动物学已经捉住了它们,并以如下方式将其分类[3]:

纲:两栖纲
亚纲:有尾类
亚目:蝾螈亚目
科:钝口螈科
亚科:钝口螈亚科
属:钝口螈属
种:墨西哥钝口螈(*A. Mexicanum*, Shaw 1789)

第六章
无意义的时间

在那里的时间是非常漫长的。

——胡安·鲁尔福(Juan Rulfo),
《卢维纳》(*Luvina*)

在自然状态下的人,被卢梭(Jean-Jacques Rousseau)置于了历史与事件的世界之外。在这种"现在已不存在、过去也许从来没有存在过、将来或许也不会存在"[1]的情况下,人类会在静止中寻找到快乐,缓慢而无味地度过无止尽的时间。这种神话般的时间形象在西方思想史中有着悠久和繁复的历史;此外,也展示出不计其数的、矛盾的面向。典型的情况是,它是城市居民对乡野蛮人的看法,或者说是"文明人"对非洲和美洲"野蛮人"生活模式所强加的观念。西方思想以它的历史进步观念来建立其空间和时间的概念。这样,一个欧洲中心主义的刻板印象就此形成。我们可以说,时间轴**自东向西**延展开来,被另一个(垂直的)坐标轴竖向穿过。根据这个垂直的轴线,**北方**常有"野人",**南方**则是有"蛮夷"出没。而两条笛卡尔坐标轴相交的原点,则代表了**此时此地**的"文明"观察者。进步必须在北方的野人和南方的蛮夷之间涉险而过,并且总是朝向西方。进步受到的威胁甚至来自内部,来自大都市自身的"深层南方"。例如,对伏尔泰(Voltaire)而言,原始人不仅仅可见于非洲或新世界:"像这样的野蛮人在欧洲比比皆是。"他解释道:

> 乡下人和他们的女人及一些动物一起住在茅舍里,常常暴露在各季的严酷气候中;他们只了解自己侍弄的土地

---

[1] 该说法来自卢梭《论人类不平等的起源和基础》序言部分。

与偶尔出卖货物、购买粗布衣服的市场;他们说的是在城里听不到的土话;他们几乎没有想法,所以,也几乎不表达……[1]

在这里,我们不应该赘述这些思想是如何流传至今的。事实上,在20世纪初,一位杰出的法国教授吕西安·列维-布留尔(Lucien Lévy-Bruhl)继承了这一传统,并为解释"低级社会的智力机能"作出了最大努力。他的《原始思维》(*La mentalidad primitiva*)一书,是一本已经过时的手册,被人类学家们所拒绝;但其中表达的许多想法依然是当今政治文化与现代神话的一部分。在这个意义上,人类学家最好重读列维-布留尔。我现在则只想提及问题的一个方面:原始人被赋予的时间观念。

列维-布留尔确定,"原始的前逻辑思维"通常意识不到将时间现象与空间现象结合起来的因果联系;相反,基于神秘力量和黑暗力量存在的"神秘而直接的因果关系"占据了主导。列维-布留尔表示,恢复康德因果关系普遍网络的概念是合乎逻辑的。列维-布留尔认为,文明人和原始人之间差别的深层原因在于,后者的思想将真正的因果关系隐藏在神秘观念的幔帐之后;因此,原始人的心智经常显露出**超空间**与**超时间**的特性。列维-布留尔说:

> 时间对我们而言……像是一种同质的量子,可以切分为相同的部分,展现出完美的规律性。但是对于那些无视空间中的系列规律,对因果间不可逆的承袭关系不关注也不反思的头脑而言,时间的概念是什么? 由于缺乏支持,它只能是轮廓模糊、定义含混的。[2]

文明人赋予原始人的时间观念,被他们自身所持的观念严重扭曲。在列维-布留尔的头脑中,康德式的时间与空间观念占据了支配地位;根据这种主导日常生活的观念,空间与时间之间并无关系。根据康德的理论,空间是一个静态概念,是我们对于**外部**感觉的一种直观形式;相反,时间则是我们对**内部**感觉的一种直观形式。在康德式的、文明的认知中,时间独立于空间**流动**,是一个绝对的概念。而从现代物理学的视角看来,康德的概念又成了原始和野蛮的想法。从爱因斯坦提出相对论后,我们就知道将空间与时间分开是不可能的。

出于对时空概念的关注,爱因斯坦决定就儿童对事件的主观观念议题向皮亚杰(Jean Piaget)进行咨询。他想了解,儿童是以相对主义思想还是牛顿的绝对主义思想开启思维的:儿童对时间的主观直觉是直接的还是派生的?如我们所知,根据牛顿物理学,速度是由时间和距离导出的绝对概念。而对爱因斯坦来说,情况恰恰相反:速度具有首要特性,而时间是派生的。皮亚杰的研究向其表明,速度和距离是儿童的主要直觉,而时间的观念是从两者中逐渐剥离出来。时间,对儿童来说不是一个绝对的概念。[3]

但正是这种绝对的时间观念(即与空间不存在任何关系),以有规律的速度流动**向前**,赋予了原始的头脑一种温和缓慢的生活节奏,甚至完全不存在节奏。正是因此,欧洲人对尼日利亚部落的观念感到讶异;列维-布留尔引用了亚瑟·伦纳德(A. G. Leonard)的解释:

我们欧洲人所说的过去,是与现在联系着的,而现在又是与将来联系着的。但是,这些人相信生命是由两种连续的和相互包含的存在构成的,即由包含在神灵的东西中的人的东西和包含在人的东西中的神灵的东西构成的,对他们来说,时间实际上不像我们看到的那样是有区分的。同样,它既没有价值,也没有对象,因此他们是以一种欧洲人根本不能理解的漠不关心和轻视的态度来对待它的。[1][4]

69　　所有原始人对于时间观念持有同质性观点的想法,并不来自于非欧民族的现实,也不来自于生活在西方文明中心的野蛮人。这种所谓的同质性,是机械理性主义立足于**进步**的概念所构建出的想象果实:只有这样,才能解释为什么各地文明人均以类似的方式看待他们的祖先或是同时代的原始人。由于不能理解他们身处的新神话,许多文明人把乡村世界与原始世界看作一个不存在时间的空间,或是处于神话时间中的空间。卡洛斯·富恩特斯说:"在土著人的神话时间之上,叠放着西方的历法、进步的时间、线性时间。"[5] 当然是这样,但有一个重要的注意事项:西方的时间也是一种神话时间;与前西班牙殖民文化不同,这种神话恰恰是关于线性、进步、未来和公历的神话。其核心神话之一,正是创造了另一个与原始伊甸园相联系的神话时间,与基于历史事件的现代概念形成对比。

对于文明人而言,原始人以轻视和漫不经心的态度对待时间;野人和蛮夷是被其天生的迟缓与消极所定义的。由此,也产生了蔑视死亡的想法。"墨西哥人对死亡的漠视,"奥克塔维奥·帕斯说:"由其对生命的漠视所滋养。"[6] 因为只要生命的价值是以列维-布留尔定义的**西方时间**那种**量子**或均质流体来

---

[1] 译文参考了丁由译本。

衡量的，可以被测量并分为相等的部分；那么很明显，在现代西方人的眼里，一个看似静止的、被不同质时间线穿过的生命空间是缺乏价值的。

在所谓的原始民族群体中，存在着巨大的时间观念多样性。北美克里族印第安人是阿尔冈昆语众部落之一，他们在看不到月亮的时候就会忽略那些日子。特罗布里恩群岛上的居民习惯于将过去的事件（无论是神话还是现实）归入一个普遍的现在，或者说归入另一种时间（而不被认为是在"现在"时间之前）。在罗得西亚北部的卢阿普拉峡谷，时间也被均分为两部分：取决于事件是与特定的个人历史相关还是与普遍历史相关。而西澳大利亚的阿兰达人则将一天的时间分为25个部分。[7] 对时间所有形式的标记与测量，无论在我们看来多么奇怪，都与创造它们的文化世界相符合，源自不同的需要：从与农牧工作规律相关的最简单任务，到复杂的宇宙演化论概念。事实上，这对我们西方社会而言并不太陌生：是否需要回顾一下，当英国采用格里高利历时引发了民众暴动，要求恢复失去的11天，将1752年9月3日改为14日？[8] 我们难道不知道存在着完全不同的办公室时间、街道时间与家庭时间么？难道工业世界不是完全忽略了"自由时间"吗？根据弗洛伊德的说法，被保存在我们无意识之中的事件，难道不被认为是停留在时间之外的一个永恒的现在吗？[9] 现代文化也有着自己的神话……

西方的政治文化产生了两个时间的神话：无法用工业理性测定的伊甸园时间、文明人的进步与动态时间。这种两极对立掩盖了时间主观表达的巨大多样性，其中包含了非常丰富且多元的文化表现形式。只要不带偏见地瞥一眼民族学论著就足以理解，所谓原始民族时间意识的巨大多样性不可能被同质化;唯一的同质性,是从西方角度通过排他程序创造出来的:任何脱离工业社会"常识"的表现,都被认为是独特的祖先神话时间的一部分。将工业社会中发生的事件概念缩减为单一形式,同样是错误的:就像那些精神监工,试图按照办公室和工厂的节奏有组织地量度生活进程。但这里应该强调的,不是时间两极概念的错误:对我而言,有趣的是指出存在一个与现代时间相对的、有关原始时间的现代神话。

这个神话是墨西哥人被赋予的性格中最为坚定的特征之一的起源。赋予墨西哥人的时间(与距离)感,和我们已经看到的城市居民给予农民和原始人的概念是一样的。"在墨西哥,只有时间是温和与驯服的",豪尔赫·卡里昂[1],一部关于墨西哥人性格名作的作者如是说;继而,他表示:

> 这里没有路标,只有白天和黑夜的差别。我们通过日历的页面了解季节,而不是通过树上的叶片。每一天都以相同的方式跟随着另一天,甚至夜晚也平静地降临,像是害怕打乱时间柔和的节奏。[10]

城里人讶异地观察着乡村世界:因为他既没有感知到变化,也没有察觉到运动,故而认为时间没有流逝。显然,农民非常好地感知着一年中的季节,但他不关心更北端的树叶在秋天掉落:他感兴趣的是季节在自己地区的更替方式。然而,刻板印象必须占据主导地位:

---

[1] 豪尔赫·卡里昂(1913—2005),墨西哥政治学家,长期批判墨西哥的政治运作和文化意识形态。其最著名的作品为《墨西哥人的神话和魔法》。

第六章　无意义的时间

墨西哥人适应了这种"不易察觉的时间流逝。他感觉不到时间"。他不觉得有必要在今天做他明天一样可以做的事情，也不守时。因为没有任何自然界的迹象敦促他这么做。由于这个原因，也由于空气的透明度，墨西哥的距离是以"山后"[1]来量度的。"山后"是一个"社会学方程式，用以描述没有标记的时间"和清晰的、无障碍的视角。[11]

针对这一观点，一位心理学家作出了如下总结："墨西哥人以这样的方式来感知时间：他们认为自己的时间比其他民族的时间过得更慢。"[12]同一位作者评论了墨西哥人传统上被认为"懒惰"的这一状况。与之相对的是，美国人被认为是"积极的"和"高效的"。这位心理学家解释道："发生的状况是，墨西哥人的特点是以**被动**的方式处理**压力**。"[13]墨西哥人表示等待的手势引起了西班牙作家何塞·莫雷诺·比利亚（José Moreno Villa）的注意：用手指示意需要等待的"一下下儿"或"一会会儿"，"墨西哥人把时间揉烂，使之变成碎屑，这样时间就不能强迫他或危及他"。[14]在拇指和食指间狭小空间里的时间长度，是一个让欧洲人、文明人感到绝望的谜题。现代西方人（这又是另一个神话了），不能容忍等待。他不明白，在开始的时间与真正开始之间，在约会的时间与真正的约会之间的那一段非常长的时间（对他而言非常漫长），会发生什么。在等待中会发生什么么？这真的是一种等待么？在这段不可触及的时间里隐藏了什么？莫雷诺·比利亚毫不犹豫地将墨西哥人的态度表述为"亚洲式的被动"。这与欧洲文明相反，后者充满了永无止境的生活意志；相比之下，墨西哥人是蜷缩着的（他指的是印第安人

---

[1]　"山后"（Tras Lomita）是墨西哥西班牙语一种传统说法，直译为"小丘的后面、小山的另一侧"，在墨西哥意指"不远处"。

特有的坐姿或蹲姿),这在他看来是一个与静止、被动与自我专注相关的亚洲式形象。[15] 这和我们与欧洲人将亚洲人看待为野人或蛮夷的古老观点相联系;这是林奈(Carl von Linné)所说的**智人亚洲种**:"苍白、忧郁、呆板、黑头发、深眼睛、严厉、骄傲、贪婪。"[1] "有教养的欧洲"正是如此看待北方的**蛮族**斯拉夫人,后者是文明世界中亚洲主义的真正代表:"我们所称的俄罗斯人的宿命论与顺命论,根本上说似乎不过是对未来的不关心。他认为,为什么要忧虑呢?没有什么能改变**当前**的弊病,**明天**又有什么要紧呢?"[16] 在同一篇章里提到了俄国人的"忧郁""天生麻木""消极认命""懒散"与"缺乏活力和意志力"。萨穆埃尔·拉莫斯本人也在其关于墨西哥文化的名著中用一章的篇幅论述了印第安"埃及主义":前西班牙殖民时期的艺术表现的正是死亡的僵硬,岩石的硬度压倒了生命的流动性:这就是为什么在墨西哥,生命"以一种类似亚洲民族的不变性缓慢流逝"。[17] 对拉莫斯而言,这种特殊性是一种超验现象,不能用几个世纪的殖民统治来解释:"我们不认为**印第安人的被动性**完全是被征服后遭奴役的结果。他们被征服,也许是因为他们的灵魂已然趋于被动。"[18]

现代资本主义社会的人认为,农民与原始人沉浸于被动之中;这种看法来源于一种简单的心理机制,它决定了人对时间的主观估计。保罗·弗雷斯(Paul Fraisse)对其进行了最为精准的表述:观察到的变化数量越多,表观持续时间就越长。换言之,对时间的主观估计取决于感知到的变化数量和在估算的刹那停留在记忆中的变化数量;时间是可以根据记忆的可能性膨胀或清空的。[19]

---

[1] 原文为拉丁语。

就像科恩(John Cohen)指出的,这是一种自相矛盾的状况;[20] 用耗费精力的活动或是有趣的事情填满一段时间(以时钟计算的时间),时间似乎就过得很快,而重复性的或是乏味的任务则会把时间拉得很长。然而回过头来看,事情恰恰相反,依照弗雷斯提出的规则运行:花在快乐和有吸引力的任务上的时间,在回忆的时候似乎延长了,而且变得非常长;相比之下,单调和空虚的时段在回忆中则是紧凑和短暂的。一个城里人在乡村生活中察觉不到什么变化,因此认为时间在那里无休止地延伸。一个欧洲人没能力解释非西方社会中发生事件的社会和文化意义,故而会认为时间在那里过得很慢。同时,当他回忆起在农村或非西方环境中的经历,很容易会大大贬低和削减这段历史经过的时空的重要性(甚或认为那里不存在历史)。

在欧洲文化里有一个古老的传统,以笛卡尔、康德乃至柏格森(Henri Bergson)为支撑,试图从意识的内部状态来理解时间的流逝。在内在体验中,人们寻求时间流的统一性。从这一传统出发,依照居约(Jean-Marie Guyau)的表述,时间被认为是"需求和满足之间的意识间隔"。[21] 事实上,时间的观念最终成为一种过滤器,筛选或阻滞达到满足的过程:"无聊"的概念成为"时间"的同义词(在德语中,"Langeweile[无聊]"一词表示漫长的时间,尤其是面对不可避免状况时的烦恼)。当最初的冲动被耗尽时,时间最终成为阻挡人完成任务的障碍;在那一刻,人开始意识到时间对他而言似乎太长、太单调、太无聊。[22] 这就是西方人的悲剧:他所设想的衡量一切事物的绝对时间是无聊乏味、令人厌倦的。"'在其纯粹形式中',拉维尔(Louis Levelle)说:'时间的意识是无聊的;换言之,是一种对没有任何事件经过、没有任何内容物填充的间隔的意识'。"[23] 巴什拉(Gaston Bachelard)证实了这种看法:"只有当我们发现时间**太**

长时,我们才能够发现它的**绵延**。"[24]

在西方思想中,我们发现了一种奇怪的认同:野蛮人在生活中被认为没有对时间流动的精确意识,却被赋予了那种特殊的忧郁,这忧郁实际上是西方人的一种流溢。对后者来说,相比他意识散发出的怀旧思想的肆意节奏,钟表的时间有时走得有些慢;尽管如人们所说,这往往是一种对于未来的怀念,一种乌托邦式的情感。与卢梭不同(对他而言,原初的不动性是一种恬静幸福的状态),墨西哥的被动是以悲剧的形式呈现出来的。埃米利奥·乌兰加谈到了一种散发着忧郁气息的"本体论伤口",并认为在洛佩斯·维拉尔德的四行诗中,可以发现墨西哥人性格的所有元素(**怠惰、忧郁、情绪化**):

> 落雨的下午,同时加剧了
> 一种亲密的悲伤
> 一种对事物轻轻蔑视
> 和一种在言说中微妙而忧伤的情绪。
>
> ——《纺织女》(*La tejedora*)

77 不能不认识到,在这种对墨西哥人性格基本来源的探索中,存在着民族主义浪漫主义化的深刻印记。为了创造现代人的神话,有必要重塑基本和原初的人;有必要产生一种野蛮人与文明人对立的悲剧意识;有必要为现代创造一个神话般的过去,使得现代性自身可以(明显地)从神话中剥离出来,理性地面对未来的建设。我想强调的是,在墨西哥文学和思想中很容易看到的浪漫主义传统(巴斯孔塞洛斯是一个最佳范例)不仅仅是德国非理性主义影响的表现:浪漫主义思想再现和再造了一个颇为广泛的文化与政治进程,该进程远远超出了浪漫主义文学发展的历史框架。这种"文化—政治"进程与现代社会的**悲剧场景**创建有关,和古代社会一样,英雄与神话在其间出现。韦伯(Max Weber)思想的影响使我们相信,现代社会是一个理性、实用和祛魅的世界,神话与魔法在这里无法容身。大错特错:资本主义工业社会,以及我们所知的社会主义,不断地产生意识、典礼、崇拜和象征。像孔德(Auguste Comte)和巴霍芬(Johann Jakob Bachofen)这样的科学家,其想法虽然遭受了挫折,但也预示着建立新宗教的企图。孔德实证主义教义的对话促使人们对实证理性的不变法则进行宗教崇拜;巴霍芬在其提升神话意识的计划中提出了崇拜大地—母亲—死亡三位一体,因为对他而言神话是精神力量,不仅根植于原始时代,更来自于根本力量。[25]

现代人的文化需要神话:它继承它们、重塑它们、发明它们。其中之一就是原始人的神话,它们丰富了民族文化,同时作为一种对比,以激励民族现代性和进步意识。如我们所见,原始人的根本特征之一,是居住在一个独特的忧郁维度中。在这里,时间缓慢而温和地流逝。

它永远不会被赶超,因为时间属于它。

第七章
美西螈化

我们一无所有,除了时间,
这是没有立身之地者的家园。

——巴尔塔萨尔·格拉西安(Baltasar Gracián),
《智慧书》(*Oráculo manual*),第 247 条

文明的海豚比原始的美西螈游得快十倍,这就是为什么在经典比赛里,它像阿喀琉斯(Aquiles)对乌龟所做的一样,让我们可怜的小有尾螈先领先1000米。当海豚眨眼间游完了先前的1000米,小美西螈则又向前游出了100米;当海豚游完这100米,美西螈则仍领先10米;它永远不会被赶超,因为时间属于它。这个故事的寓意是:**文明的海豚永远不要让美西螈占先。因为众所周知,后者的存在会让时间线的正常运行出现奇怪的扭曲。**

阿喀琉斯,也就是海豚,生活在历史上(也是生活中)的一个英雄时代,万物之间似乎普遍存在关联:整个宇宙似乎由无限的连接点进行中继。如此我们可以从所在之处抵达任意一点,在一个超验链条中从一个连接点跃至另一个连接点。这会让我们产生幻觉,似乎可以避开矛盾,总是朝着结论的方向前进。但有时海豚会遇到美西螈,它不得不接受在其了解的宇宙之外还存在着其他东西;存在着独立的、不连贯的世界,其间没有一致的联系。美西螈宣示着哥德尔定理的时代:在某种程度上由于现代理性,世界变得更趋于一致;而更多证据的出现,显示出存在一些脱离主流系统的现实。一些人发现,拥抱他者与其他现实的方法,是破坏自身世界的一致性:但他们陷入了完全无序的眩晕,陷入了没有限制与边界的谵妄,陷入了熵的领域。

因此，当一些观念从他者处逃逸出来，以被驯化和神话化的形式移植到这个世界上时，创造出了一种平静、合理、有力的感觉。这些观念使人们相信，他者并不像其被认为的那样可怕和具有威胁性。

第八章
轻易的死亡

每当要尽力减少无用的奴役,避免不必要的不幸时,仿佛为了考验人类的坚忍情操,世界总会真的发生一连串长长的灾厄:死亡,老去,绝症,苦苦暗恋,友情遭拒绝或背叛;人生庸庸碌碌,比我们的计划规模短小,较我们的幻想黯淡。总之,事物的天赋本质就是要带来不幸。[1]

——玛格丽特·尤瑟纳尔(Marguerite Yourcenar),
《哈德良回忆录》(*Memorias de Adriano*)

---

[1] 译文参考陈太乙译本。

现代神话的悖论是：**传说，对原始人而言，时间没有意义；而对文明人来说，则是死亡没有意义**。马克斯·韦伯解释了现代性的这种独特烦扰：旧日的农民在去世时"尽享了生命"和"满足"，因为生活已经为其提供了一切，没有留下"任何他想去破解的谜团"。相反，文明人则沉浸于无意义的进步中，难以享受生活。他知道自己"永远无法捕捉到精神生活不断推出的事物中极其微小的一部分"。韦伯得出的结论是："死亡最终对于他而言，是一个毫无意义的事实"。[1]

相反，一切非现代的事物——古老的事物、蛮荒的事物、粗野的事物，都赋予了死亡某种意义。例如在中世纪基督教的版本里，死亡是第二次出生：它是被剥离身体的灵魂获得永生的途径。这种观念影响了一些20世纪的欧洲人对"墨西哥式死亡"的反应：

> "对欧洲人来说，"保罗·威斯特海姆（Paul Westheim）说："思考死亡是一场噩梦，他不想被提醒生命的终结。而突然发现，自己面对着一个没有这种痛苦的世界，它在玩弄死亡，甚至嘲笑它……奇怪的世界，不可思议的态度！"[2]

同一位作者引用了诗人哈维尔·比利亚鲁迪亚的话，后者描述了面对死亡的双重性："在这里（墨西哥）有一种对死亡的巨大便宜:我们血管里印第安人的血越多,死亡的吸引力就越大;而我们越偏向克里奥尔人,我们对死亡就越恐惧……"³ 这个传说中的熔炉激发了"对死亡漠不关心的墨西哥人""蔑视死亡者"的神话;这是现代墨西哥思想中最为常见的说法之一。⁴

有人坚持说,对死亡的嘲弄与蔑视和对生命的冷漠有关:如果生命没有价值,那么死亡也是。这种宿命论的态度有着双重来源。第一个(也是最明显的)来源是人的意识,是那些历经疲惫和屈辱、被威胁包围的痛苦生活者的意识;因此,在谈及笔下人物之一达尼洛(Danilo Santos)的死亡时,鲁尔福说:"甚至摆脱了包括生命在内的所有苦痛。"⁵ 在其关于头骨的有趣研究里,保罗·威斯特海姆坚定地表示:

> 今天赋予墨西哥人的存在以悲剧色彩的精神力量,与两三千年前毫无二致。这种精神力的来源不是对死亡的恐惧,而是生命的痛苦,是生活的宿命性;是意识到自己被暴露在充满危险与恶质的环境中,且没有足够的防御手段。⁶

在第一种意义上,蔑视死亡的起源是传统宿命论。这种宿命论常常被赋予农民群体和所有那些几乎没有任何保护、直接暴露在社会与自然的恶劣环境中的人们。

但这种宿命论还有另一个起源,与我刚才提到的起源相对应:它是统治阶级对那些发现自己处于苦难中的人们生命的蔑视。在统治者的眼中,有些人的生命并不值钱:墨西哥印第安人的死亡,就像比亚法拉的农民或加尔各答的贱民的死亡一样,在无关紧要的**人群**中发生;那些死亡可能达到恐怖的统计量,但并不直接威胁到文明人。那些人像动物一样死去,因为他们像动物一样活着。在欧洲,对于死亡的漠视与乡村的宿命论,与从北部接近西方的东方文化有关:"许多俄罗斯人最原初的特征之一,"傅里叶说:"就是以平静的态度看待死亡。从另一个角度而言,**对死亡的漠视**是野蛮人的美德之一。"[7]

去假设有些民族对死亡漠不关心,就等于将这些人看成了成群的野生动物。在无数提及"墨西哥人性格"的现代文本中,都有着这种古老思想的回声。居住在鲁尔福文学世界中的农民们就是一个例证;鲁尔福式的农民是被死亡标记了的存在,而杀人行为对他们而言似乎是无关紧要的日常行为,就像是杀死动物。"他们杀掉了母狗,还剩小小狗……"在《燃烧的原野》(*El llano en llamas*)的题词中,一首流行民歌这样写道。正是在这个故事中,鲁尔福使用了最多的动物隐喻来描述人物:在那里,农民们"像蜥蜴一样在阳光下取暖";"像被大火吓到的獾子一样,手脚并用"爬上山冈;"像蝰蛇一样"匍匐或"蜿蜒"前行;像"兽群"一样移动;"像被圈起来的母鸡一样"被包围。这部短篇小说中最令人印象深刻的部分,也许是佩德罗·萨莫拉(Pedro Zamora)扮演公牛杀掉八个士兵、监工和总管的重要场景:他用一把细剑代替牛角,用它进行了一场血腥杀戮。

但在另一个故事里,鲁尔福高度敏锐地再现了对他人生命的蔑视与对死亡本身的恐惧间的叠覆关系:在其字里行间,我们可以观察到鲁尔福的艺术如何揭示了"对死亡的漠不关心"起源于对他人生命的蔑视。《求他们不要杀我!》(*¡Diles que no me maten!*)中的人物,是一个被监禁且即将被枪决的老人。他的罪名是多年前犯下的谋杀,死者是逮捕他的上校的父亲。囚犯对于死亡惊惧万分,但他的儿子对父亲的恐惧却安之若素,几近无动于衷。老人自己表示他"必须杀死堂卢佩",仿佛这是件自然的、日常的、不可避免的事情;但他拿刀砍了他,"肚子上还给插了一根长矛……他失踪了有两天以上,后来是在一条小溪里给发现的。当时他躺在水里,还剩最后几口气,求人照顾好他的家人"。在一个荒凉、残酷、蔑视生命的空间里,令人讶异地出现了对死亡的恐惧:年老的囚犯"开始觉得胃里痒痒得难受。只要感到死神临近,他立马就有这种感觉。这种感觉使他的眼睛里流露出焦虑来,他的嘴里充满了酸苦的口水,他不由得连连咽下这口水"[1]。这个围绕着恐惧编织的故事和那个带着"对旧日失落天堂的怀恋"的世界形成了鲜明对比。如曼努埃尔·杜兰(Manuel Durán)所言,这种怀恋"产生了对于死者(那些美好时日的见证者)的亲切感,这正是鲁尔福的特点"。[8] 此外,鲁尔福这篇奇怪的小说提醒我们,蔑视死亡是恐惧死亡的表现方式之一。

我提出了墨西哥人"对死亡漠不关心"是一种神话,它拥有两个来源:助长了困苦生活的宗教宿命论,以及当权者对劳动者生命的蔑视。从第一个来源的角度看,它与中世纪的阴森舞蹈所表达的宿命感如出一辙(其中最有趣的例子之一,是小汉斯·荷尔拜因[Hans Holbein der Jüngere]的《死亡之舞》[Les Simulachres et Historiees Faces de La Mort])。它提醒人们,死亡将其从一个可悲的身体中解放出来,代表着第二次出生以获得更好的生活。这种观念与上层阶级常会形成的对穷人生活的印象不谋而合:他们相信,因为穷人们与动物们如此接近,死亡的痛苦对其影响并不太大。[9]

---

[1] 译文参考《燃烧的原野》张伟劼译本。

在墨西哥文化中，这两种倾向交织在一起，形成了一种特殊结构：绝望与轻蔑、焦虑与自傲穿梭其间。但是，在这个死亡的文化结构中又加入了第三种元素：对失落伊甸园的怀恋被转化为对真实人类维度的知识性探索，这种维度往往被现代工业文明所埋没。例如，为了摆脱现代社会的异化，诗人们常常回想起原始的价值，并邀我们参与深入人心的漫长旅程。但是，连接我们和那个内部王国的大门或深井在哪里？我只想列举两位欧洲诗人，他们之间迥然不同，但都相信自己在墨西哥寻得了门径。对路易斯·塞尔努达（Luis Cernuda）来说，"被其他民族称为未开化者"的墨西哥印第安人，"不仅仅是一个人；更是面对世界的一个抉择"。这种生活的选择让这位安达卢西亚诗人羡慕不已，这一点从"他面对贫穷的淡漠，面对不幸的超然，面对死亡的顺应"中都可以看到。对印第安人而言，他"一无所有，一无所求，更深沉的东西支撑着他；几个世纪以来默默追寻的东西"。当塞尔努达游历墨西哥谷最美丽的景点之一索契米尔科时，他立刻意识到，在那里没有人知道"哪些消失的智慧和已逝的生命的回声，还在空气中飘荡。在经过他们的船时，那些沉默而神秘的躯体，给我们一花或一果；他们一定知道这个秘密。但他们缄默不言"。[1][10]

相比之下，伟大的法国超现实主义诗人安托南·阿尔托（Antonin Artaud）来到墨西哥，确信印第安人会向他揭示这一秘密：阿尔托认为，墨西哥的灵魂能够释放出古老的自然力量，可以使精神已经被"进步的迷信"所腐化的现代人再生。"墨西哥拥有一个文化的秘密，"阿尔托写道："是古代墨西哥人所遗留……我来到墨西哥，是为了寻找一种有关人的新观念。"阿尔

---

[1] 译文参考《墨西哥变奏》范晔译本。

托所寻求的"墨西哥灵魂",应该是形成一种将宇宙视为整体的"独特文化"的基础;古代墨西哥的死亡崇拜具有这层意义:

> 认识到死亡的至高无上,并非要让现在的生命变得毫无用处。它是把现在的生命放归其位;使它同时在多个层面上变得完备;感受各个层面的稳定性,将人间世界打造成一种伟大平衡的力量;最终,重新建立起一种伟大的和谐。[11]

他所指的,是被现代文明破坏掉的那种和谐。

阿尔托和塞尔努达的态度,表现出了当代作家的一种独特痛苦:他生活在对新技术的惶恐之中,(无论被爱护抑或被迫害,都)承受着现代国家的重压,并对全球层面的战争与暴力感到恐惧。大部分墨西哥知识分子都有着相同的态度,但以一种比两位带着奇妙而发人深省的天真欧洲诗人更为复杂的方式表现出来。

许多知识分子感觉到了这个世界的迷人:在这个世界里,人们不畏惧死亡。他们为什么不害怕?(如果这是一副面具的话)在这副面具的背后一定有一个古老的秘密,一个失落的祖先的真理。那么死亡**的确有一种意义**:它隐藏着需要破译的内容。它隐藏了他者的秘密:他见证了真实的世界,如塞尔努达所说,"既不是一个疯狂的市集,也不是一场愚蠢的狂欢节"。

因此,墨西哥人"对死亡漠不关心"是现代文化的一种发明。[12]因此，它在当代社会的神话与象征主义空间中有其存在和历史。贫苦者的焦虑、上位者的轻蔑与知识阶层的痛苦汇于一点，产生了一种思考死亡的特殊方式；在这个意义上，对死亡的蔑视是一种神话，它在墨西哥文化中得到了体现，并成功影响了一些人的日常行为，甚至在一些情况下影响了大部分人的行为。在面对个体不可避免的死亡时，所有文化都需要创造一些意识和符号，如克罗齐（Benedetto Croce）所想的，让死者在我们心中逝去，不至于造成同归于尽的风险。围绕着这个想法，埃内斯托·德·马蒂诺（Ernesto De Martino）对作为仪式的哭泣、现代社会的悲痛危机和礼节性吊唁的历史根源进行了出色的人类学研究。面对死亡的无情，人类（无论是"原始人"抑或"现代人"），都需要维护自身的平衡，为此发展出了各种控制痛苦的仪式：墨西哥人对死亡的蔑视，也构成了一种赋予生命意义的集体性仪式的一部分。从这个角度看来，对死亡的蔑视并不意味着对生命的漠视。[13]

这种仪式并非古代遗存与原始仪式的集合：它与美国崇拜死者的特殊方式具有相同的地位。如"阵亡将士纪念日"中复杂的仪式符号所表达的内容，在美国的政治文化中颇为重要。在这个仪式中，通过色彩绚烂的阅兵式、庄严的宗教仪式、（从林肯开始的）纪念阵亡者的爱国主义祈祷和英雄坟墓中亮闪闪的勋章与装饰物，面对死亡的痛苦与盎格鲁-撒克逊人的自豪感混合在一起。[14]

在现代墨西哥文化中，对死亡的恐惧会转化为宿命论、蔑视与追寻，也会倾向于呈现出一种英雄性的维度。如果"墨西哥式死亡"的特点只是不幸的观念、对生命的淡漠与怀旧情结的混合物,就不可能在我们的社会中占据稳定的位置;这种特殊的混合物使我们文化中的英雄美德保持稳固,如玛格丽特·尤瑟纳尔(Marguerite Yourcenar)所言:换言之,它使我们能够描画出一个英雄人物的轮廓,尽管有着苦闷与悲伤,但可以把他的表现提升到一种史诗性水平,到达一个勇敢的世界。在这个世界中,恐怖的苦难和忧郁被一种对死亡高傲的蔑视所超越。由此出现了一位嘲弄死亡的墨西哥英雄原型:正如一位研究墨西哥南部死亡崇拜的人类学家所确认的[15],毫无疑问这是20世纪20年代革命神秘主义的精神造物,由当时的民族主义情绪所制造。正如他们对何塞·瓜达卢佩·波萨达骸骨艺术[1]的"发掘":这些作品也被迭戈·里维拉提升到了国家神话的高度。[16]

通过这种方式,民族文化对沉浸在痛苦中的墨西哥人提出了唯一可能的英雄主义姿态:轻松地死去,因为只有痛苦者才知道如何做到。

---

[1] 何塞·瓜达卢佩·波萨达(1852—1913),墨西哥政治版画家,偏爱用头骨和骷髅进行艺术表现,因而被称为骸骨艺术。其作品进行了大量政治讽刺,迭戈·里维拉称其为"原始革命艺术家",将其影响力进行了极大推广。

修洛特尔，畏死的神祇。

第九章
修洛特尔：畏死的神祇

我醉酒,我哭泣,我悲伤,
我思考,我言说,
我在内心中寻得:
若我永不死亡,
若我永不消失,
在那里没有死亡,
在那里它已被征服,
那我就去到那里。
若我永不死亡,
若我永不消失。

——内萨瓦尔科约特尔(Nezahualcóyotl)

美西螈是一种谜一般的动物，似乎与几个最古老的墨西哥神话相关。它纳瓦特尔语的名字"*axólotl*"可以拆分为"水中的xólotl"，存在着不同的翻译方式：水中的玩具、水中的怪物、水中的双胞胎……但很明显，它所指的是修洛特尔神，纳瓦特尔人史诗中的该隐：他是克察尔科亚特尔（Quetzalcóatl）的孪生兄弟，或者更准地讲，是他的替身。但是克察尔科亚特尔是双胞胎中"美丽的一个"，而修洛特尔却是畸形的（他被认为是双胞胎和畸形者的神）。

按照众所周知的第五个太阳的传说[1]，修洛特尔与运动和生命的理念相关；但其依据的方式非常特别。阿兹特克人认为，在圣城特奥蒂瓦坎（Teotihuacan），纳纳瓦特辛（Nanahuatzin）与特库希斯特卡特尔（Tecuciztecatl）通过投身火堆化身为太阳和月亮后，众神意识到新生的太阳一动不动。"我们怎么能还活着？"他们问自己。"让我们都去死吧，"他们决定："用我们的死亡使它恢复力量。"贝尔纳迪诺·德·萨阿贡（Bernardino de Sahagún）讲述了接下来发生的事情：

---

[1] 纳瓦特尔神话中认为世界经历了五个不同的创造毁灭周期，每个周期都以一个太阳神为核心，现在的太阳神托纳蒂乌（Tonatiuh）是第五个太阳。为了让太阳升起，众神陆续献祭牺牲了自己。最终在风神埃埃卡特尔（通常被纳瓦特尔人视为羽蛇神克察尔科亚特尔的另一面相）的推动下，太阳终于得以正常运作。

这时，风神承担了弑神的任务，杀掉了所有的神祇；据说，有一位叫作修洛特尔的神拒绝死亡，向众神说道："众神啊，别让我死！"他号啕大哭起来，把眼睛都哭肿了；当刽子手来到他面前时，他逃走了，藏在了玉米地里，变成了一株双茎的玉米，农民们叫它"修洛特尔"；他被看到了，在玉米株间被发现；他又一次逃走，藏在了龙舌兰间，变成了一株双身的龙舌兰，被叫作"麦修洛特尔"[1]；他又一次被看到，逃入水中成为了一条被叫作"阿修洛特尔"[2]的鱼。在那里，他被抓走杀掉了。1

因此，修洛特尔是一个害怕死亡的神。他不接受死亡，想通过他的诸般变化能力来逃避献祭。他是对的，因为牺牲是没有用的："他们说尽管众神被杀，但是太阳并没有因此移动。然后风开始刮，越刮越大，推动了太阳使其回到正轨。"2 这个神话还有另一个版本，一些历史学家认为该版本更为古老。3 根据这个版本，修洛特尔负责献祭众神，他用匕首割开他们的胸膛，随后自杀。4

两个版本的传说显然是相反的。但我们要想到，修洛特尔是风神克察尔科亚特尔的化身或替身；在第一个版本中，正是风神埃卡特尔（Ehecatl）杀死了众神（并赋予太阳生命）；而在第二个版本中，是克察尔科亚特尔的孪生兄弟修洛特尔亲自献祭了众神。恰恰是第二个版本的作者，即门迭塔（Gerónimo de Mendieta）所引用的安德烈斯·德·奥尔莫斯（Andrés de

---

[1]　"Mexolotl"，意为"双身的龙舌兰"。此处龙舌兰为龙舌兰属植物，并非特指日常生活中龙舌兰酒原料。

[2]　即美西螈（Axólotl）。

Olmos）修士，将人类起源传说的主人公分配给了修洛特尔。而在更为知名的版本中，是克察尔科亚特尔下到亡灵之国寻找人类的骸骨，盗取这些骨头并赋予人类新生。

在关于克察尔科亚特尔-修洛特尔探黄泉的两个版本中，都提到需要盗取"珍贵的骨头"或"旧日死者的骨头"，地上之民借由这些骸骨获得生命。根据最著名的版本，克察尔科亚特尔在亡灵之国米克特兰（Mictlan）盗取了骨头并逃跑；冥界之主试图阻止他，使他掉进了一个坑中的骨堆里，失去了知觉；在这段旅程中，克察尔科亚特尔由他的纳瓦尔[1]或替身（也有可能是他的孪生兄弟）陪同前往。在恢复知觉后，克察尔科亚特尔与之交谈并哭泣。随后他再次收集所有的骨头，并将它们带到塔莫安昌（Tamoanchan）。在那里，他把这些骨头磨碎，众神把阳具之血洒在骨头碎末上。这样，人类就会从其中出现[5]。

在神话的另一个版本中，修洛特尔成为了那个下赴米克特兰盗取骸骨者：

> 米克特兰特库特利（冥界之主）对他如此逃脱感到不满，衔尾追了上去。为了逃避追击，修洛特尔被绊倒了，携带的一条臂骨摔碎成了大大小小的碎片。人们说，就是因为这个原因，一些人比其他人矮小。于是他取走了能取走的部分，去到了他的众神同伴所在之处，把他取到的所有东西都放在一只盆（或罐）里。男神女神从身体各个部位取血献祭（就像印第安人后来习惯做的那样）。第四天，一

---

[1] 纳瓦尔为中部美洲古代信仰中一种类似于属相或动物保护神的超自然事物，人可以与自己的纳瓦尔进行沟通或形态转换。

个男孩诞生了;随着相同的仪式,又一个四天,诞生出一个女孩。众神把两个孩子交给修洛特尔亲自抚养,他用蓟草的汁液喂养他们。[6]

可以看出,修洛特尔是一个与**死亡和变化**相关的神明:在摆脱死亡时变化为各种奇怪的样子,在水中成为一条蝾螈;从米克特兰之主那里盗取骸骨,将其转变为生者。所有这一切都有一个共同点:**不断和死亡作斗争,永久地逃避死亡**。这是通过转化(在现代哲学中被称为**超越**)完成的,没有其他的方法。

这些概念完全符合古代墨西哥人对死亡的复杂想法;这种想法与 20 世纪知识分子创造的墨西哥人原型对待死亡的所谓轻蔑或讽刺完全没有关系。纳瓦特尔人敏锐地感受到了死亡的痛苦。与基督教不同,他们的神话—宗教解释无助于麻痹这种感觉。在对内萨瓦尔科约特尔诗歌的研究中,何塞·路易斯·马丁内斯(José Luis Martínez)得出了一个在我看来颇具道理的结论,即"内萨瓦尔科约特尔非常关注人死后的命运……";但"死后生命的观念在纳瓦特尔的诗歌与知识中没有得到具体体现"。[7]

从另外一个出发点也可以得到类似的结论。阿尔弗雷德·洛佩斯·奥斯汀(Alfredo López Austin)在关于古代纳瓦特尔人的概念的杰出研究中得到结论:"死亡被认为是多种元素的分散。"[8]因此,人体中栖息的不同灵魂物质在其死后会有不同的命运。在这种情况下,不可能准确地思考另一个生命,因为个体不能实现重组。特尤里亚(teyolía)可以到达太阳的天堂(托纳季乌-伊乌卡特尔[Tonatiuh ilhuícatl],为战争中死亡的战士所设)、米克特兰(为那些寿终正寝者所设)、塔洛坎(Tlalocan，为死于水的人所设）、奇奇瓦尔瓜乌克（为婴儿所设）。但特尤里亚并不是他们笃信的唯一灵魂实体；另一个是托纳伊（tonalli），它可以通过精准的仪式封存在容器中。还有一种灵魂物质是伊尤特尔（ihíyotl），一种可以在地上游荡的影子。因此，纳瓦特尔人没有灵魂或精神的一元化概念。与心脏相连的特尤里亚代表了活力、知识、情感、记忆、习惯、行动感；然而，洛佩斯·奥斯汀总结道，尽管心脏集中了许多非常重要的心灵活动，但并非是保管本我意识的核心器官。托纳伊，这种主要集中于头部的力量，决定了个人的气质特点、灵魂的价值程度、通过命运与神的意志间的联系，以及由此而生的他的未来行为。"作为思想的中心，"洛佩斯·奥斯汀说："独立于心脏之外，托纳伊不仅是个体本我的一部分，且被认为有着自己的欲望……"⁹第三个灵魂实体伊尤特尔位于肝脏，是激情、感觉、生命与活力所在的器官。

只有特尤里亚可以在亡灵世界穿行。去米克特兰的人可以通过八个不同的荒原或地层，途中有很多风险，旅者有可能会消失。在任何情况下，都不能明了最后等待他们的是什么："在那里，在第九个死亡之地，存在着彻底的毁灭"，《佛罗伦萨手抄本》（Código florentino）[1]如是说。¹⁰但关于这个神秘的地方，有非常矛盾的版本，有时被称作"我们最后的家园"。总而言之，死亡是三种生命力量（特尤里亚、托纳伊、伊尤特尔）的散

---

[1]《新西班牙事物普遍史》（La Historia Universal de las Cosas de Nueva España），16世纪西班牙方济各会修士贝尔纳迪诺·德·萨阿贡（Bernaráino de Sahagún）用西班牙语和纳瓦特尔语写成的民族志文献。因最完整的手稿保存于佛罗伦萨洛伦佐图书馆，因此又名《佛罗伦萨手抄本》。全书中包含2000多张纳瓦特尔式插画，全面完整地描述了纳瓦特尔社会、文化方面的面貌。

失。三者经历了不同的转化,经历了迥异的状态,始终与纳瓦特尔宇宙的结构相一致。但古代墨西哥神话并没有消除生存的痛苦抑或对死亡的恐惧。这一点,可以从受惊的美西螈逃离注定最终毁灭的众神中看出。似乎阿兹特克人已经了解了幼态延续的秘密,并了解这个秘密着落于它们对于蜕变成蝾螈的顽固拒绝。无论如何,遑论其可能的形而上学含义,阿兹特克人非常爱吃美西螈肉,认为这是一道精致的贵族佳肴。

第十章
跪伏的英雄

我们观察到，忧郁症患者并不像常人一样羞于向外界展示自身的缺陷，似乎这种降低尊严的行为会带来一种满足。

——西格蒙德·弗洛伊德（Sigmund Freud），
《哀伤与抑郁》（*Duelo y melancolía*）

哲学家萨穆埃尔·拉莫斯[1]在1934年宣称,墨西哥人患有自卑症,因此会逃避现实,在虚构作品中寻找庇护。15年后,奥克塔维奥·帕斯重复了这个想法,并使之更为深刻与神圣:自卑感的本质是孤独;因此,墨西哥人用多种面具保护自己不受现实影响;有关墨西哥性哲学最为多样的表达方式,都围绕着这个想法;在这个简单解释的基础上,设计出了复杂的存在主义解释,绘制出了充斥着符号的壁画,创作出了达观与静谧的诗歌。

拉莫斯的解释非常简单:从历史上看,墨西哥人一直面临着一种矛盾:即**想做的事**与**能做的事**之间的严重失衡,不可避免地导致失败与悲观主义。因此墨西哥人对自己没有信心,被一种自卑感所侵袭。以阿德勒(Alfred Adler)思想为基础,以荣格为佐证,萨穆埃尔·拉莫斯解释道,自尊心和自卑感之间的紧张关系(往往会导致神经官能症),通过墨西哥人抛弃现实、避入虚构,在正常范围内得到解决:他不自觉地用虚构人物代替了真实的自我,在生活中代表这个人物,认为这就是真实的。他生活在谎言里,但只有付出这样的代价,他的意识才能摆脱

---

[1] 萨穆埃尔·拉莫斯(1897—1959),墨西哥哲学家,墨西哥国立自治大学哲学与文学院院长。其代表作《墨西哥人与文化剪影》为墨西哥民族性讨论中的核心作品。

自卑的痛苦想法。[1] 拉莫斯解释的有趣之处，不在于其可以用来理解墨西哥人的行为：它显然是粗糙、不充分的；有趣的地方在于，它事实上描述了墨西哥文化中一种原型的形成，自卑感只是其中的组成部分，而不是对形成过程的说明。拉莫斯所描述的墨西哥人特质，是知识界（或至少是其中一部分）在墨西哥人形象的形成中进行的文化投影。这种形象的形成，只能由主导文化的政治动力和合法化机制中的原型作用来解释；这种形象不是来自科学研究，而是来自民族文化的历史。[2] 萨穆埃尔·拉莫斯本人也引用了卡洛斯·佩雷拉（Carlos Pereyra）在《美洲历史》（*Historia de América*）中的话："西班牙语美洲人民遭受了一个世纪不间断的自我否定，其后果是形成了根深蒂固的民族自卑感，使任何的反对都会变成过度自负。"[3] 这些是殖民主义的灾难，加上黑格尔历史哲学的调味。但墨西哥性哲学并没有背离传统；尽管萨穆埃尔·拉莫斯强调说，他对墨西哥人性格的解释并不意味着他认为"墨西哥民族存在社会或心理上的真正劣势"[4]，但实际上他在描述一种以原始主义为特征的社会文化原型。

如果我们检视一下自卑情结决定墨西哥人的想法，可以发现（为了保持论题的一致性），必须假定墨西哥人与墨西哥文化存在某种相对的自卑：墨西哥人不如其设定追赶的目标，而这个目标就是欧洲。而为了使这种劣势不显露出来，就有必要将其打扮、伪装、掩饰起来；我们已经了解到了如何做到这点：需要找到儿童、野蛮的生物、纯洁的原始人。由此，历史掩盖了自卑："当（墨西哥）还是一个年轻的国家时，它想一跃达到古老欧洲文明的高度，在其所想和所能之间产生了矛盾。"[5] 拉莫斯继续表示："我们的心理，是尚处于幻想的年纪的民族心理，也因此屡遭挫败……"[6] 在这种语境下，就有必要引用凯泽林的说法：

> 另一方面，年轻的民族没有集中与批判精神。和所有的年轻人一样，他们在精神上消极被动；由于生理与精神上的软弱，他们极度盲从他人，也无力承受批评；他们经常受到自卑感的困扰。[7]

奥克塔维奥·帕斯[1]也采用了这种类型的形象：墨西哥人"就像那些忧郁的少年，绷着脸，保守着无人知晓的秘密"。[8]如此，即使在那些被认为是大城市社会渣滓的佩拉多身上，也能发现原始人的痕迹。[9]由流氓无产阶级扮演的墨西哥人，是"虚张声势的野兽"，无非是在"对其真实生活境遇进行徒劳报复"；他是不幸的存在，只能通过"向所有人大喊自己'龙精虎猛'聊以自慰"，但他的勇气和男子气概只是一种挫败的产物。这种挫败让他感觉到无力，产生了精神阳痿。[10]

20世纪上半叶的墨西哥文化创造了一个强大的神话：墨西哥人像是何蒙库鲁兹一样，其体内含有印第安人、野人、蛮夷和儿童。但这种何蒙库鲁兹[2]是破碎的："随着印第安人童年的夭折，"豪尔赫·卡里昂说："在走完这条路之前，墨西哥人就像一个没有游戏、玩具或微笑的无产阶级儿童，沉浸在成年人的生活与不符合其成长进度的目标中。"[11]从这种状况中，诞生了

---

[1] 奥克塔维奥·帕斯(1914—1998)，墨西哥作家、诗人，墨西哥第一位诺贝尔文学奖获得者，作品风格趋于超现实主义和存在主义。其散文集《孤独的迷宫》探讨了墨西哥人的心理和集体无意识，认为历史事件对墨西哥人的悲观无助感有重大影响。

[2] 何蒙库鲁兹(Homunculus)，字面意为"小人"，指中世纪炼金术士追求创造的人造人。其身体和人类儿童相当，自降生起就具备了各种知识。在民间传说和当代流行文化中，这一概念广为流传。

印第安农民的悲剧,他们被迫超前于时代成为无产者:从这里,产生了墨西哥人原始灵魂中的"自卑"。

一旦跪伏的英雄形象被确立,就会引发对其解剖结构和独特性的精彩辩论。如果我们能回到过去,回到50年代初,就不难遇到一场知识分子们在典型聚会中的讨论。为什么不试试呢?让我们安排一个模拟场景:我们邀请几位知识分子到洛佩斯街那家著名的咖啡馆,那里提供美味的瓦伦西亚欧洽塔[1]。有些人喜欢巴黎咖啡,有些人喜欢高级餐厅,但我偏爱这个小地方。所有这些知识分子几乎都逐字逐句写下了他们在这里要谈的内容:[12]

"您相信,"埃米利奥·乌兰加带着年轻聪颖的学究气,朝着萨穆埃尔·拉莫斯言道:"墨西哥人确实是自卑的,只是在理念中被认为缺乏能力;而我相信墨西哥人确实能力不足,只是在理念中被认为是自卑的。我们的存在方式受到体制性缺陷的影响。"

"如您所说的,"拉莫斯愤怒地回答道:"的确,缺失意味着一种内在的价值尺度;而自卑的想法则由一种外在价值尺度所决定,并导致了这些价值的扭曲。但我们在许多墨西哥人身上看到的是价值感的紊乱。这证明墨西哥人身上存在的是自卑感,而不是无能。有时我想,也许乌兰加提出这想法,正是在无意识中为了摆脱自己的自卑感。"

---

[1] 一种原产自西班牙瓦伦西亚地区的传统饮料,由油莎草块茎、糖和香料制作而成,多用于代替牛奶饮用。进入墨西哥后配方略有变化,至今依然流行。

"然而，"在啜饮了一口自己的欧洽塔后，奥克塔维奥·帕斯插话说："比自卑感更阔大和深刻的是孤独感。不可能将这两种态度等同起来：感到孤独并不是感到低劣，而是感到不同。"

"亲爱的诗人，您错了，"拉莫斯强调："因为您把墨西哥人的面貌简化为了一副面具。在这个面具的背后，您寻得了一种孤独的倾向。但如果对现实观察得更为仔细，可以发现与您的说法相反，孤独并非自愿的决定，而是来自那种致人反社会的性格障碍。"

紧张气氛弥漫在空气中；出现了令人尴尬的沉默。最后，人们听到了何塞·高斯[1]大师带着西班牙口音的、富有教益的话语：

"但你们[2]要记住，可以对你们提出如下的批驳。不存在'一种'墨西哥人，而只存在地理学、人类学、历史学、社会学意义上不同的墨西哥人——高原或海边的墨西哥人；印第安人、克里奥尔人或梅斯蒂索人；殖民地时期的、墨西哥独立时期的、墨西哥革命时期的或与我们同时代的人；佩拉多、资产阶级、知识分子或农民……所以墨西哥人的哲学并非在发展其他哲学，如果有的话，也是任意选取的某些墨西哥人的哲学：可能会是高原上的与我们这个时代的梅斯蒂索资产阶级……"

---

[1] 何塞·高斯（1900—1969），西班牙哲学家，1938年以来因西班牙内战流亡墨西哥生活。他将大量德语哲学著作译为西班牙语，并推广了他的老师何塞·奥尔特加·加塞特的精英主义观念。

[2] 拉丁美洲多数国家的西班牙语较少使用第二人称复数，多使用"您"和"诸位"，西班牙的西班牙语则常用第二人称复数。

"必须指出，"拉莫斯辩驳道："种族差异并不像看起来那么深刻。梅斯蒂索人、克里奥尔人与印第安人有着许多共同特征。地域的差异，也不妨碍将墨西哥人作为整体类型来看待；这些差异并不影响民族的统一性：国内所有州都讲西班牙语，所有地方都信仰瓜达卢佩圣母，人们唱着同样的歌曲，无处不钟爱斗牛……"

年轻的乌兰加不得不承认自己同意萨穆埃尔·拉莫斯的观点，边感叹边紧张地挠着自己的鼻子：

"事实上，地理和历史的差异并没有大到无法用一种统一模式来概括。高原上的墨西哥人被认定为衡量标准，既来源于经验，也是遵循某种惯例。墨西哥高原的非凡地位应该在其中间者身份中找寻，它正是两个极端之间的连接点或中间地带。"

"没有什么，"阿方索·雷耶斯愠怒地说道："比带着先入为主的想法书写民族精神更为谬误。其中最坏的情况，是这种先入为主的想法是一种惯例，或是懒惰思想的偶得，像没有主人的狗一样乱窜。"

乌兰加被老师责备得面红耳赤，但依然保持着沉默，紧盯着面前冷掉的奶咖已经凝固的表面。莱奥波尔多·塞亚抓住时机进行攻击：

"我们不应该再创造一个面具，即墨西哥人或墨西哥性的面具，用来再次掩盖千辛万苦显现出来的人类现实。"

高斯打断了他，仿佛在沉思地说道：

"'墨西哥人'的哲学,而不是人类或'一般人'的哲学?那么,这将是墨西哥人的哲学,而不敢成为莱奥波尔多·塞亚的、埃米利奥·乌兰加的哲学……但这不是**哲学**,只是你们每个人自相矛盾、无法言喻的自语。严格地说,是每个人纯粹的'非理性'**自我体验**。"

塞亚有一些不解,但仍试图完善他的想法:

"我们不应该寻找'墨西哥人',这将陷入歧视的泥潭,而是要寻找在墨西哥出现的具体的人。"

塞亚看向阿方索·雷耶斯和高斯,寻求他们的认可,但没有得到回应。另一方面,拉莫斯愈加恼火,他大声说道:

"相反,我们必须寻找真正的墨西哥人。必须在克里奥尔的少数族群中寻找他;在克里奥尔文化中有可能找到真正的墨西哥人,因为克里奥尔人拥有合法的优越性,较少受到伪装或隐瞒的影响,这些伪饰破坏了其他人的原始本质。在他们身上没有自卑感,因为他们确实优越。"

拉莫斯博士摆出庄重的姿势,以挑战的表情望向余众。三位一直保持沉默的年轻人,羞怯地发表自己的意见:

"这是可能的,"豪尔赫·卡里昂说道:"但障碍巨大。在整个墨西哥的生活中充斥着标志,警告着会倒退回到神话阶段,阻碍进步的顺利进行。"

"毫无疑问,"萨尔瓦多·雷耶斯·内瓦雷斯补充道:"这可以反映在墨西哥人的虚弱感中,即在自己和事物面前的脆弱性。"

"很明显,失败的、变质的、被曲解的行为使我们变得内向、忧郁和绝望。"豪尔赫·波尔蒂亚(Jorge Portilla)叹息道。[1]

隔壁桌的三个外国人听到之前的谈话,评论说:

"当墨西哥知识分子描述他们的民族性格时,几乎无一例外地认为自己身处一个由骗子、追求权力的破坏者、痛苦受难的女性和自负的男性掠夺者所组成的国家。"迈克尔·麦考比(Michael Maccoby)说。

"是的,"戈登·怀南特·休伊斯(Gordon W. Hewes)说道:"他们将整个国家里最无助者的特征,视为整个国家的象征。"

"这些知识分子中的一个——奥克塔维奥·帕斯,似乎认为所有的墨西哥人都是虐待狂。根据我们的调查数据,只有30%的男人有虐待倾向,"埃里希·弗洛姆(Erich Fromm)说。[2]

"此外,"麦考比补充道:"我的感觉是,墨西哥作家低估了生活在美国阴影下对自卑感造成的影响……"

---

[1] 前文所提到的埃米利奥·乌兰加(1921—1988)、豪尔赫·波尔蒂亚(1918—1963)、萨尔瓦多·雷耶斯·内瓦雷斯(1922—1993)和莱奥波尔多·塞亚(1912—2004),在墨西哥国立自治大学期间形成了一个名为许珀里翁(Hiperión)的哲学小团体,接受何塞·高斯及其老师何塞·奥尔特加·加塞特的现象学和存在主义理论训练,并试图探讨欧洲普遍性和墨西哥特殊性之间的关系。有些人将他们称为"墨西哥存在主义者"。

[2] 迈克尔·麦考比(1933—2022),美国精神分析学家。戈登·怀南特·休伊斯(1917—1997),美国人类学家。埃里希·弗洛姆(1900—1980),美国精神分析学家。三人均对墨西哥的民族性格有研究著作。

让我们把这场模拟对话留在这里,留我们的知识分子们继续在洛佩斯街的咖啡馆中争论不休。

在墨西哥的哲学论争及其贡献(这些贡献比如今通常认为的还要多)之外,于我而言也可能窥见一个非常重要的文化现象:这一现代神话的诞生,其基础是一个社会在组成它的革命力量衰落时触发的复杂的调解和合法化过程。这就是跪伏的英雄的神话,迭戈·里维拉将其创设为缩在塞拉普披肩[1]里、躲在大帽子底下的人;在利乌斯(Rius)[2]嘲笑这种刻板印象的精彩漫画作品中,这个人物一直是被取笑的对象。很明显,这是最古老的神话之一,即"失落的黄金时代"神话的虚构支流;但现代墨西哥对该神话的再现,其特殊之处在于产生了一位分裂的悲剧英雄,履行着不同的职能:他代表了我们再不得见的、受损的原住民美德;同时,他代表了墨西哥罪孽的替罪羊,他的身上倾注了从我们民族文化的挫折中郁积的愤怒;他代表了无地的农民、无业的工人、没有思想的知识分子、没有羞耻的政治家……简而言之,他代表了一个寻找失落民族的祖国的悲剧。

这个神话具体的现代之处在于,反英雄的刻板印象作为个人的内在维度出现:人们认为,在墨西哥人的内心深处和潜意识中嵌入了一个**另我**,其根源深入远古时代,并得到土著精神的滋养。它被认为是一种内在的幼虫,由心理情结与哲学忧虑相结合的派生物所驱动。这些派生物,正是从集体精神的深井

---

[1] 塞拉普披肩,是墨西哥男性的一种传统服饰。其样式多为带花纹的毛毯状披肩,墨西哥农民用以抵御户外的雨水和寒冷。
[2] 利乌斯是墨西哥知名漫画家爱德华多·温贝托·德·里奥(Eduardo Humberto del Río)(1934—2017)的笔名。其漫画作品带有鲜明政治批判立场。

中涌现出来。尽管从本质上来说,跪伏的英雄是印第安人的变体和农民特征的移植,但重要的思想流派亦被召入了他卑微的诞生中:超现实主义、精神分析和存在主义。从这里,呈现出梦幻般的神话形式、它对童年水域的沉浸和对痛苦的沾染。

De AXOLOTL, seu Lusu Aquarum.

爬虫脑复合区。

第十一章
美西螈食者

一个人真正的祖国是他的童年。

——莱纳·玛利亚·里尔克(R. M. Rilke)

在我们体内栖居着意识无法控制的神奇力量或实体,这是一个古老的观点。基于每个人体内都有一只野兽的想法,一种神话的确立也就并非难事。令人惊讶的是,如果我们留意最近的科学研究,可以发现我们的脑中确实存在一种动物,而且这种动物与美西螈非常相像。

一些科学家认为他们已经发现了,人类大脑中最古老、最原始的部分与某些行为模式相关。有关人脑的一系列考古发现显示,最表面的一层,也是最现代的一层是新皮层(它构成了进化程度最高的哺乳动物的大部分大脑),其最先进的机能储存在脑回和脑叶中。在新皮层下面,我们发现边缘系统(下丘脑、脑垂体等),它与情绪、动机和稳态调节系统密切相关。最后,在最深处我们发现了中脑和后脑(延髓、桥脑等),那里存在着自我保存与复制的基本神经过程。麦克莱恩(Paul D. MacLean)将这种最深层的结构命名为爬虫脑复合区(complejo reptílico),因为它是大脑中最为古老和原始的部分,在数亿年前爬行动物和两栖动物的胚胎中发展出来。但更令人惊讶的是,爬虫脑复合区已被证明在**攻击性**、**领地性**、**仪式性**和**社会等级制度**的建立中发挥了重要作用。[1] 卡尔·萨根(Carl Sagan)对麦克莱恩关于爬虫脑复合区的特征研究写下了一些非常有趣的思考:

"我有一种印象,"他说道:"这些特征在很大程度上塑造了今天人类的官僚与政治行为……令人惊讶的是,我们的实际行动(相较于我们所言或是所想)在多大程度上可以由控制爬行动物行为的规则来解释。"[2]

对卡尔·萨根而言,从爬虫脑复合区孕育出的人类特征(主要是仪式性行为和等级制度),本质上是危险的,尽管它们是由新皮层的高级功能来控制的。另一位科学家也从不同路径提出了相同的问题,尽管他的评估与萨根的评估大相径庭。对康拉德·劳伦兹(Konrad Lorenz)而言,仪式是非常有价值的:"攻击的转移与重新定向可能是进化论发明的最为巧妙的脱身之计,得以以无害的手段推迟攻击行为。"[3] 正是朱利安·赫胥黎(Julian Huxley)在研究凤头鸊鷉的行为时发现,有一些动物的动作在系统发育的过程中失掉了其原始功能,仅仅成了象征性的仪式;赫胥黎将此定义为"仪式化"过程。[4]

康拉德·劳伦兹提出了如下问题:攻击性冲动和种群保护之间存在着矛盾;对其他动物的攻击是保护种群所必需的;但当攻击获得了种内性时,即攻击行为指向自身族群的成员时,就成为生存的威胁。劳伦兹解释说,在这种情况下仪式化地介入,是为了避免攻击行为毁灭物种,而不会消除其对整个种群有利的功能:一般来说,有用的和必需的攻击冲动会保持不变,但针对可能对物种造成损害的状况,会产生特殊的抑制机制。劳伦兹总结道:"在这里,又一次与人类历史进程中的文化演进呈现出相似性。这也是为什么摩西律法以及所有其他律法中的重要律令,都是**禁令**而不是指令的原因。"[5] 换言之,**禁止行为但不禁止欲望**:上帝禁止伊甸园中的女人和男人品尝智慧树的果实,但允许蛇来诱惑他们。由此,产生了许多神话的三部曲

式特征:禁止—诱惑—罪孽。许多现代的政治仪式都受到这种特殊次序的影响。劳伦兹补充道:

> 脊椎动物之间的程式化战斗行为,是类似于人类道德的绝佳范例。这些战斗的全部组织方式似乎是为了确定谁是最强者,而不会对弱者造成太大伤害。[6]

事实上,劳伦兹的解释为我们所知的、政治上的象征性攻击与**几乎**无害的暴力提供了佐证:只要斗争是仪式化的,就**少有**受害者,物种也不会遭受全面威胁。如果我们在这个方向上更进一步,我们将成功地为有限战争辩护。据说,这些战争可以防止灭绝人类的全面战争的发生。我认为这种解释包含了一种误判;并不能保证社会动态的发展逻辑将遵循和生物物种的逻辑相同的路线;小规模的象征性战争有可能将我们带入一个全面性灾难的旋涡。然而,我相信人类将能够完全控制其本性中所蕴藏的爬行动物仪式,因此将不会有任何形式的受害者,无论是象征性的还是小规模的。

必须承认,政治和暴力与我们的生物性最深处的某些特质之间,可能存在令人不安的联系。如果是这样的话(一切似乎都指向了这点),我们必须高度关注那些在人类"原始大脑"的本能冲动中寻得合法性或支持(尽管只有一部分)的政治进程。我相信,唤起一个能够激活民族集体精神的原始实体,正是那些在爬虫脑复合区寻求支持的政治—文化进程之一。也许,这就是为什么民族主义是一种如此危险且有效的现象。在这种意义上,美西螈作为一种向爬行动物过渡的两栖动物,成为描述民族主义的上佳隐喻:在墨西哥民族文化中,潜伏着一只痛苦的美西螈,既象征着爬行动物种群的本能冲动,也象征着墨西哥人复杂的神话建构。但也有着其他奇异而快乐的生物,被称为"美西螈食者":希罗多德描述的那个古老、幸福民族的亲眷只吃莲花的果实,当尤利西斯的同伴尝到了甜如蜜的"花之飨宴"时,就忘记了自己的家乡,只想与莲花食者永远在一起。美西螈食者究竟是吃莲花的美西螈,还是专吃美西螈的人类,这一点尚不清楚;确切知晓的是,他们是克罗诺皮奥的朋友[1],建成了一个乌托邦,并且忘记了除却幼时家园以外的所有家乡。

---

[1] 克罗诺皮奥(Cronopio),胡里奥·科塔萨尔短篇小说《克罗诺皮奥和法马斯的历史》(*Historias de cronopios y de famas*)中的虚构角色,主要被描绘为天真、理想主义、杂乱无章、敏感的生物。科塔萨尔在作品中将其描述为"绿色的、卷曲的、潮湿的"。和克罗诺皮奥生活在一起的主要朋友是僵硬的、有组织力和判断力的法马斯(famas)和朴素、懒惰、迟钝的埃斯佩兰萨斯(esperanzas)。

第十二章
趋于变态

在古老的悲伤之上,在墨西哥人"旧日的泪水"之上,希望之光已经开始闪耀。

——佩德罗·恩里克斯·乌雷尼亚(Pedro Henríquez Ureña),
《墨西哥研究》(*Estudios mexicanos*)

他们就在那里：凄凉困苦、衣衫褴褛。粗鄙者和他的女人抓挠着覆盖长桌的桌布边缘，桌上摆满了历史的飨宴。他们注定要沉浸在自己的冷漠里，迷醉于尘世的污秽中。他们在这些桌子下翻滚，与他们的同类滥交。

在进步力量的孕育之下，衣衫褴褛的索尔达德拉（Soldaderas）[1]倏然挺身而起。她跪伏的男伴，身着农民的衣服、留着革命者的髭须，展示出普罗米修斯般的肌肉组织。墨西哥的土地已经接受了新的种子，革命在虚礼和伪饰的墨西哥面前爆发，为"盛会和死亡、喧闹和子弹、节日和爱情那残酷又耀眼的一面"让路，如奥克塔维奥·帕斯所言。1

对知识界来说，革命是一个令人印象深刻的场面：那些似乎注定要低头过活的人们，以某种奇怪的方式造反了，自身也发生了改变。墨西哥人灵魂之井的深处不仅有悲伤，还有一股意想不到的潜在暴力。许多人认为，可以利用这种能量来创造新人，将墨西哥人置于世界历史的洪流之中。要实现这一目

---

[1] 墨西哥革命时期军队中的女性军官，也被称为阿德丽塔（Adelita）。在革命之前便有一定女性参加军队，在革命后这一数字大涨，成为更加普遍的现象。索尔达德拉通常被作为女战士的形象进行描述，深刻影响到之后墨西哥文化对女性的塑造。尽管事实上大部分索尔达德拉主要从事后勤、常务工作。

的,就需要找到墨西哥人的真实个性,发掘其真正的精神。这是安东尼奥·卡索更是何塞·巴斯孔塞洛斯[1]的执念。墨西哥壁画学派和所谓的墨西哥革命小说为寻找墨西哥人真正的自我作出贡献。这种自我,被淹没在土著伊甸园所驱逐的奇怪人物忧郁的他者性之中。

这种民族主义的紧张状态激发了一个新的过程,与产生倾覆的伊甸园神话的过程平行。对于主流文化的一部分来说,大众不再是他者;遥远的"跪伏的印第安人"形象,被一种新的刻板印象所取代,或者说至少是得到了补充,而有文化的阶层在某种程度上可以认同这种刻板印象:墨西哥人具有暴力和革命性,情绪化且喜欢热闹,有教养又好斗。即使像安东尼奥·卡索这样疏远革命的人也承认:"同质化的革命是我们存在的明确形式。"[2] 这也难怪,因为现代的标志已经在墨西哥文化中留下了它的印迹;正如马歇尔·博曼(Marshall Berman)所说,现代性的特有标志,是意识到生活在一个所有事物都孕育着其对立面的世界中。[3] 那么温顺的农民揭竿而起,成为萨帕塔主义革命者,"进步"使他变成了一种新人——无产阶级(现代性的英雄),也就不应让人感到惊讶了。

新人的传说与跪伏的印第安人神话相交织,常常导致其中的脉络纠缠不清、令人混淆。要理解这种联系并非易事。显而易见,除了极少数情况下,新人并不直接以无产者的身份出现:新英雄使用许多伪装,以掩饰和改变自己。但他总是作为一个

---

[1] 安东尼奥·卡索(1883—1946)、何塞·巴斯孔塞洛斯(1882—1959),二人均为墨西哥近代著名知识分子,在迪亚斯统治时期号召墨西哥人反对当局支持的实证主义和决定论,转向寻找美洲人自己的身份和价值。两人在革命后都出任过墨西哥国立自治大学校长。

异变者出现,不同于自己印第安农民的原貌。支配蜕变的条件看起来有着许多不同形式,从何塞·巴斯孔塞洛斯为伊比利亚美洲梅斯蒂索人创建的"宇宙种族",到马克思主义壁画家设想的工人阶级先锋队。佩拉多和帕丘科(Pachuco)是被倾覆伊甸园的出逃者采取的其他形式,他们设法将自己插入现代资本主义主导的都市工业世界。对于变态的结果存在着许多不同看法,但几乎所有看法都不约而同地指出了新人的一个特殊方面:他的暴力性格。出于这个原因,大多数评论家会从社会最底层寻找民族性格的原型:

"为了了解墨西哥人的思想机制,"萨穆埃尔·拉莫斯说:"我们将考察一个社会群体,在那里所有的行为都被放大了,我们可以清晰探查到其思想轨迹。最好的研究范例就是墨西哥的佩拉多,因为他是民族性格最基本和最充分的表现。"[4]

佩拉多的无助感是如此强烈,以至于甚至无法隐藏他的性格:"他将自己的灵魂暴露在外,"拉莫斯说:"丝毫不掩藏其最隐秘的内心。"[5] 在审视佩拉多赤裸的灵魂时,拉莫斯最先注意到的是其爆炸性与暴力性,是那种"最低劣的社会族群……大城市里的渣滓"。[6] 虽然佩拉多保持着他农民出身的一些典型特征(原始主义,等等),但他是一个失去了传统的人,生活在一个对他而言依然陌生的环境里:都市工业世界(而对于帕丘科群体[1]而言,则是盎格鲁-撒克逊资本主义世界)。他是一个忘

---

[1] 帕丘科原指由墨西哥北部华雷斯地区越境进入美国埃尔帕索地区的人。此处指代20世纪三四十年代在美国南部拉丁裔青年中兴起的文化现象。由于在美国社会中的边缘化,拉丁裔青年群体以特征鲜明的穿着和语言习惯显示与美国主流社会的区隔,被称为帕丘科群体。

记了自己农村母体、已经再无退路的人,面对着对他而言依然陌生的状况——因为这尚不是他自己的状况。这是一个被困住的人,也因此可能会是暴力的和危险的。他古老的灵魂已经被毁掉,而心灵还没有听到现代的曲调。现代性只是咬住了他的肉体,让他受制于工业的铁钳和街头的险恶:但他的灵魂处于反叛状态,或者至少是处于无序状态。因此其所产生的暴力能量,必然会被用来创造宇宙种族,使贫穷的国家富足起来,清除被殖民者,塑造革命的无产阶级。

尽管萨穆埃尔·拉莫斯(很可能是为了安抚资产阶级的良心)试图表明墨西哥人民的残暴不过是隐藏着自卑情结的、怪诞邪恶的表演,但他并没能成功抹去一个基本事实:这些墨西哥人不仅在小酒馆里气势汹汹、喋喋不休,也发动了现代最暴力革命中的一场。因此,奥古斯丁·亚涅斯[1]要作为新政权的人给佩拉多平反,"除了绝对自由的意志、对于被忽略的厌倦和骄傲的痛苦之外,他没有其他恶意";亚涅斯继续说:"由于他只能相信自己原始的现实主义,佩拉多通过身体暴力行为,通过粗鲁且无意义的语言,通过具有莫名表现力的表情与动作,或是通过消极、顽固的对抗来使得自己得到理解和尊重。"[7]

123　　在创造现代墨西哥人的神话时,也出现了一个类似的进程,即把印第安人作为传统墨西哥人原型进行发展的进程。有必要塑造出一个凝聚现代性剧情的人物,如同曼努埃尔·加米奥所言,在缺乏对原住民现实精准了解的情况下,有必要"塑造一个印第安灵魂(尽管只是暂时性的)"。[8] 现代墨西哥人比印

---

[1] 奥古斯丁·亚涅斯(1904—1980),墨西哥作家、政治家。作为墨西哥革命制度党的成员,他在创作以外还先后担任了多个政府职务。

第安原住民显得更加模糊和陌生；然而，这个群体的塑造对于建立和巩固墨西哥革命新政府的民族主义不可或缺。印第安人的神话及其必然的乡村悲情是不够的；现代墨西哥人还必须在城市语境下，囊括梅斯蒂索人的悲剧。亚涅斯说，佩拉多是"自然状态下的墨西哥人，亦可延展为我们梅斯蒂索的代表类型"。梅斯蒂索佩拉多被定义为一种矛盾和杂糅的存在，两种潮流在他身上发生碰撞："他怀疑自己，怀疑身上外来的部分，怀疑那些将其引向矛盾的冲动。"结果是，佩拉多成为了多疑的、现实主义的、怀疑论的、悲观的、不守规矩的、无序的、顽固的，并表现出"双方祖先（印第安和西班牙）的残忍"。[9]

在某些表达上，梅斯蒂索的神话体现出古斯塔夫·勒庞的强烈影响，勒庞说过（就像特雷霍·莱尔多·德·特哈达在整个革命时期所重复的那样），梅斯蒂索人是一种无法管理的民族。因此，有必要通过经济现代化与教育来驯化这种民族，从而使文盲群体（就像贡萨加·乌尔比纳在特雷霍·莱尔多关于民族主义的书中所总结的）以及印第安原住民群体，得以"迅速适应文明，从而通过快速、稳定的道德、知识与社会一致性，凝成墨西哥民族灵魂紧急的结晶"。[10] 对此我们需要补充，有关佩拉多的想法在波菲里奥主义知识分子的实证主义传统中，也有着直接的先例。明显的例子应当是埃塞基耶尔·查韦斯[1]在1901年发表的文章，[11] 查韦斯断言，

---

[1] 埃塞基耶尔·查韦斯(1868—1946)，墨西哥作家、法学家。其观点受斯宾塞的实证主义影响巨大，在迪亚斯独裁统治时期与公共教育部合作，推进斯宾塞理论在基础教育中的设置。后两度担任墨西哥国立自治大学校长。

在墨西哥被我们轻蔑地称为佩拉多的人,其情感是外放的、离心的和扩张性的;如果说印第安人从不或几乎从不通过突然的反应来表达感情,或者说如果他们的情感是由冷峻的激情所形成,那么在粗俗的梅斯蒂索人身上则恰恰相反,其情感总是或几乎总是冲动、狂热和短暂的。

在酒精的帮助下,"粗俗的梅斯蒂索"或佩拉多成为"一台冲动的机器,一根随便呼吸一下都会崩开的弹簧,会为了最无足轻重的原因仓促出击"。[12] 这种肤浅的敏感性,恰是由于并不深刻,故而在佩拉多群体间造成了极大的不稳定性;唯一稳定的是他们的自尊,"他们有时称其为尊严":十年之后,这些"粗俗的梅斯蒂索"将用他们的尊严喂养革命之火,并将成为新民族的象征。在某种程度上,革命政府与革命后政府完成了查韦斯指出的一个未竟的过程:墨西哥人尚未被"几个世纪的杵臼捣碎,直到形成一具具有某种同质性的单一躯体"。[13] 印第安人的沉渣依然存在。除此之外,梅斯蒂索人形成了两个不可逆的独立群体:其一是"优等的梅斯蒂索",来自稳定的家庭,构成了"墨西哥人民的坚韧的神经";另一个是"粗俗的梅斯蒂索",他们从未形成"有机合作精神",因为他们是在"废弃婚房中不断媾和所产生的个体联合"。但革命加速了"世纪的杵臼",其结果是使这些梅斯蒂索人成为民族进步的统一象征。革命催生的新民族主义使用了同样的佩拉多形象,但此时是用作革命的象征。何塞·克莱门特·奥罗斯科(José Clemente Orozco)[1]

---

[1] 何塞·克莱门特·奥罗斯科(1883—1949),墨西哥壁画复兴运动领军人物之一。和同被称为"壁画三杰"的迭戈·里维拉和大卫·阿尔法罗·西凯罗斯不同,奥罗斯科的创作虽然也结合墨西哥本土传统的艺术手法,但却并不强调墨西哥价值,而是人类普遍境况。

厌倦了其时的沙文主义,他感叹道:

> 我讨厌在自己的作品里表现可憎、堕落的下层人民类型,这通常被当作入画的风景来取悦游客或赚取他们的钱财。对于允许创造与加强荒唐的"乡巴佬"与乏味的"中国姑娘"[1],以之代表所谓"墨西哥主义"的想法,我们是第一责任人……由于这些想法,我一直拒绝去画肮脏的凉鞋和衬裤……14

但是主流文化并没有抛弃佩拉多的刻板印象。这种印象在众多的表述版本扶持下登堂入室,成为现代性革命中墨西哥人的化身。15

可以看出,作为墨西哥现代性英雄的佩拉多,具有跪伏的野蛮人的许多特质。但他的性格超越了定义"忧郁的印第安人"原型的界限。所谓的墨西哥人的哲学强调了佩拉多的许多原始性侧面,以之对抗与国家及其革命传统有着密切联系的知识分子对这一群体的民粹主义褒扬。墨西哥人的哲学依靠跪伏的英雄的原型,将其置于现代都市背景下,从而为主流文化提供了一种在顺民形象基础上释放象征性残暴的可能性。佩拉多正是所需的完美隐喻:他是在城市里的农民,已经丢掉了原有的纯真,但还没有成为浮士德式的存在;他失去了自己的

---

[1] 在墨西哥,传说有一个中国姑娘美兰在 1614 年随父母出海经商,后遭海盗掠至马尼拉,辗转带至墨西哥,被西班牙人买下。美兰将中国的刺绣纺织技术带给墨西哥妇女,进而形成深受墨西哥女性喜爱的传统民族服饰。墨西哥人因而会用"中国姑娘"作为穿着这种服装的墨西哥平民女性的俗称。

土地，但还没有得到工厂，进退失据间，他生活在了农业世界尾声与工业文明开端的悲剧里。这种两栖文化形象，自20世纪中叶一直作为榜样模式存在，既不应陷入自我贬低式的模仿，也不应陷入极端民族主义；此外它还有一种吸引力，就是能让墨西哥人窥视人生百态的深渊，感受现代性的纷杂。

墨西哥钝口螈的外阴成为了巴黎公众热议的话题。

第十三章
长着外阴……

美西螈阐明了一种关于生命本质的激进的、令人不安的、阔大的理论,这种极为明显的感觉催生了关于它们无数可能的神话。

——萨尔瓦多·埃利松多(Salvador Elizondo),
《虎斑蝾螈》(*Ambystoma tigrinum*)

当西班牙人到达墨西哥时,也决定要征服美西螈。但出于某种原因,美西螈跟他们开了个玩笑,向他们展示了其令人不安和色情的一面。医生弗朗西斯科·埃尔南德斯(Francisco Hernández)在16世纪对其做出的第一次科学描述,在生物学界引起了不小的混乱。这不仅是他的错误,也是他的翻译者们的错误。埃尔南德斯指出美西螈"有一个与女人非常相近的外阴,腹部有棕褐色的斑点……人们反复观察到它像女人一样有月经来潮,吃下它会刺激生殖活动……"[1]但在埃尔南德斯的书中有一幅美西螈的图画(这也是在欧洲流传的第一幅有关美西螈的图画),其形象与两栖动物毫不相关:艺术家只基于描述中对其壮阳效果与鳄鱼肉催情效果比较的部分来作画,因为埃尔南德斯说这两种动物"也许属于同一物种"。

当克拉维耶罗(Francisco Javier Clavijero)在18世纪撰写他的《墨西哥古代史》(*Historia antigua de México*)时,将美西螈描述为:"形象丑陋,外表滑稽。"他还补充道:"这种鱼最奇特的地方,是它有一个像女人一样的子宫。而且根据埃尔南德斯博士所说,由多次观察发现,它也像女人一样定期排出血液。"在两个脚注中,他和应用广泛的《世纪自然史词典》(*Dictionaire Raissoné Universel d'Histoire Naturelle*)作者瓦尔蒙特·德·博马雷(Valmont de Bomare)展开了一场奇异的论争,后者在其书中对美西螈的月经问题表示了质疑:

克拉维耶罗满怀爱国热情地说道:"有了那些多年来一直目击该鱼者的证言,我们就不应屈从于一个法国人的质疑——虽然他在自然史领域博闻多识,但他从没见过美西螈,甚至都不知道它的名字。特别是在周期性排出分泌物并非人类女性独有,在一些动物种群中也时有发现的情况下。"

他引用了母猴的例子来支撑自己的说法。何塞·安东尼奥·阿尔萨特(José Antonio Alzate)在其对于克拉维耶罗的重要注释中,同意这位法国博物学家的观点:

有一些美西螈是黄色的,长着黑色斑点。它是真正的鱼,因为它长有鳃或耳,用它们来呼吸。在其他方面,博马雷对其所指现象的怀疑是有道理的。因为通过解剖,已经证明了该现象是错误的。[2]

一段时间后,洪堡也遇到了这种奇怪的动物。他从墨西哥带了两条美西螈回巴黎,并将它们交给乔治·居维叶进行研究。墨西哥钝口螈的外阴再次成为公众热议的话题:这位伟大的法国博物学家于 1807 年 1 月 19 日和 26 日在国家研究所宣读了一份正式的论文,专门介绍这种神秘的两栖动物;他认同埃尔南德斯的描述的质量,并且评论道:

尽管"它长着一个类似女人的外阴"这句话是正确的,但必须理解其所指的是美西螈的肛门:应该说"它的肛门与女人的外阴非常相似"。这是蝾螈的一种一般特征。

居维叶也为这种两栖动物神秘的月经增添了一个合理的

第十三章　长着外阴……

解释：

> 这种(和女人的外阴)外在的相似性，也许还有红色的排泄物，是导致埃尔南德斯获取信息，认为美西螈会定期排放分泌物的原因。埃尔南德斯还不容置疑地补充道，美西螈的肉是令人愉悦和健康的，味道类似于鳗鱼，像石龙子一样被认为是一种催情剂。[3]

居维叶用出色的插图为他的解释作出了注脚，其中一幅显示了美西螈润滑的腹部和其有争议的外阴。

居维叶解释了一个古老的翻译错误(这个错处是由希梅内斯[Ximénez]在1615年犯下的，他用"外阴"[Vulva]一词替代了"子宫"[útero或matriz])是如何导致博物学界对美西螈构造中荒谬矛盾之处产生了合理的惊诧。另一个令人惊讶的方面是，这种解剖学结构与蝾螈非常相似的动物，其头部两侧存在且持续存在着外鳃。这一点没有错：这确实是一种成年两栖动物，却没有失掉幼体阶段的典型鳃(就像蝌蚪蜕变成青蛙时所发生的)。但居维叶根据比较解剖学的逻辑得出结论，美西螈不过是一种大体型蝾螈的幼体。然而多年后，在其著名的动物界分类法中，居维叶被迫将美西螈归类为常鳃类：美西螈顽强地对抗了当时的科学逻辑，但这位同样倔强的法国博物学家也写下了一个警告性的脚注："我对于将美西螈放置于常鳃种中依然存疑；但如此多证人向我保证它不会失去它的鳃，我似乎不得不这样做。"[4]

拿破仑三世的军队入侵墨西哥，法国人的固执也呈现在了其他领域。这场不切实际的荒谬战争的失败，并没有阻止侵略者在 1864 年将第一批为欧洲人所知的美西螈活体样本送到巴黎。这批样本被居维叶的合作者和学生奥古斯特·迪梅里（Auguste Dumeril）所接收，他曾对居维叶著名的《比较解剖学教程》（*Lecciones de anatomía comparada*）的前两卷作出贡献。根据迪梅里的描述，1865 年 1 月这些奇怪的两栖动物生活的水族箱里出现了"巨大的骚动"：雄性美西螈分泌一种黏液，雌性则把她有争议的外阴置于其上。1865 年 9 月，第一代欧洲克里奥尔美西螈诞生了，它们是没有失掉幼年鳃的父母生育的后代。

但令人惊讶和欣喜的是，不久之后在巴黎出生的几只美西螈蜕变成了成年蝾螈。然而，它们的父母却从未蜕变：它们依然保持着原始美西螈的顽固特质。[5] 在欧洲博物学家的眼中，美西螈确实以某种方式扮演着蝾螈的幼体。这一刻，西方的逻辑征服了叛逆的墨西哥两栖动物，居维叶的灵魂可以安息了。

第十四章
多愁善感的后代

粗鄙者是严格意义上的无产者。他们原则上是伊壁鸠鲁派,尽可能避免工作的烦扰,并在任何可以到达的地方寻求快乐。

——卡尔·克里斯蒂安·萨特里乌斯(Carl Christian Sartorius),《1850年前后的墨西哥》(*México hacia 1850*)

在美国游客喜欢的墨西哥及其居民所制作的那些典型小插画里,有一幅有关屠夫的诙谐画作。画面描绘了墨西哥城的一家肉店,天花板上悬挂着一头剥了皮的牛,以及各种肉类、香肠和金纸的花环;在展示的肉类中间供奉着瓜达卢佩圣母。但最吸引布朗兹·迈耶(Brantz Mayer)注意的还是屠夫,他这样描述:

> 他是个多愁善感的人,长着黑色的眸子和卷曲的长发。总之,如果去掉使他皮肤发亮的油光,这是一个最具吸引力的人。他总是以一种浪漫的姿态出现在锯子和斧头间,对着五六个女仆弹奏吉他,这些女仆无疑是被他的情歌所吸引,前来买他的"牛排"。

迈耶总结道:"将肉制品与音乐混杂在一起,并不是一件粗俗的事。"我们对这种刻板印象非常熟悉:我们很容易将佩德罗·因凡特(Pedro Infante)想象成平民浪漫主义的典型歌手之一。然而,对这位多愁善感屠夫的描述,发表于1844年。[1]

如果巴斯孔塞洛斯读到盎格鲁-撒克逊人对墨西哥人情感表示惊讶的语句,他一定会将其理解为对其宇宙种族的情感特征赋予哲学层面的肯定,以替代冷酷的盎格鲁-撒克逊实用主义。事实上,巴斯孔塞洛斯与安东尼奥·卡索一样,代表了晚

期浪漫主义的反应。像德国浪漫主义中的非理性主义,巴斯孔塞洛斯肯定了情感的价值,反对理性:

> 巴斯孔塞洛斯说:"我认为,对于像我们这样的感性种族,更适于根据我们的情感来建立解释世界的原则。目前,情感并不是体现在绝对律令中,亦不体现于理性中,而是体现在审美判断中,体现在情感和美的特殊逻辑里。"[2]

我们记得,安东尼奥·卡索在其反对实证主义的斗争中,也想对世界做出情感的解释,因此拒绝建构一个哲学体系。与巴斯孔塞洛斯不同,他对此进行了实际尝试(尽管没能获得成功)。卡索将经济视为理性思维的一种形式,认为"体系是所有智识形式中最具经济学特点的,因此也是最虚假的"。[3]

如此,拉丁性与撒克逊性之间的古老斗争,与欧洲文化特有的另一个矛盾混合在一起:浪漫主义和古典主义之间的冲突。莫雷拉(Dante Moreira)指出,在巴西(但我认为同样的情况也发生在墨西哥和其他许多拉美国家),浪漫主义与古典主义的冲突在小范围内反复出现。在拉美文学中,普遍主义(常常与欧洲性相混淆)与民族或地区性生活表达间构成对立。在欧洲,这种冲突常常是指古典主义(根本上讲是希腊传统)与浪漫主义或民族主义间的斗争;在欧洲浪漫主义者批评对希腊人模仿的同时,拉美也在批评对欧洲人的模仿。[4]但巴斯孔塞洛斯也想通过成为西班牙人而成为普遍主义者,他拒绝的不是古典文化,而是盎格鲁-撒克逊人的理性主义和实证主义;矛盾的是,他成为普遍主义者的方式是深度非理性的。

萨穆埃尔·拉莫斯以某种方式反对非理性对感觉、激情和直觉的推崇。他说："在一个缺乏对智慧进行规范的国家里提倡直觉，这是不对的。"[5] 但对卡索与巴斯孔塞洛斯浪漫主义的抵制，并不妨碍他接受非理性主义论述的基础：由于墨西哥人的懒惰和无纪律性倾向，确实容易用情感取代理性，用直觉取代科学。

在现代意象中，主流文化在新城市居民无产阶级化过程中发现的特点，被移植到了传统墨西哥人原型身上。被萨穆埃尔·拉莫斯举作典型的佩拉多显然属于无产阶级。但是无产阶级的生活方式需要"去无产阶级化"（可以这么说），以便能够使其成为"墨西哥人"的一部分，也就是说，并入很大程度剥离了阶级渊源的民族文化。拉莫斯承认了其墨西哥人范式的阶级根源：

> 可以认为，佩拉多的自卑不应来自于他们墨西哥人的身份，而来自其无产者的境况。事实上，后者确实可以带来自卑感。但有理由认为，这并不是佩拉多身上唯一的决定因素。[6]

对拉莫斯而言，是国籍造成了自卑感。据他表示，这种感觉同样"也存在于资产阶级聪明、有教养的墨西哥人身上"，恰证明了这种观点。[7] 我们或许可以对这种粗糙的解释一笑置之，但有趣的是对这种刻板印象与无产者的情感联系的强调。对他们而言，原来的乡村伊甸园不再是一个支撑和关联点。这是其多愁善感与情绪化特质的起源：如乌兰加所解释的，情绪化是那些生活在毁灭威胁中的人内心的脆弱。[8] 这种本体论创伤让豪尔赫·波尔蒂亚认为，"墨西哥人天生就是存在主义者"，因为他们的生活受到一种无法治愈的意外影响。[9] 在这种存在主义视角中,刻板印象得到了维持:"墨西哥人从性格上讲是多愁善感的。这种人类性情结合或混杂了强烈的情绪化、怠惰以及对于生活中所有时间进行内源性反思的意愿。"[10] 何塞·伊图里亚加(José Iturriaga)在其被广泛引用的墨西哥人性格特征清单中也指出:"尽管外表冷漠或是无精打采,但墨西哥人是多愁善感的。"[11]

墨西哥人的情感来自于暴力和无能的混合。因此,他常常被认为带着咄咄逼人的热情,尽管很容易被哀求、哭泣与抱怨所消解。忧郁的墨西哥人的思想(冷漠和无精打采)不足以理解资本主义现代性的剧本。菲利克斯·帕拉维西尼(Félix Palavicini)是创造墨西哥人神话的先驱之一,他指出了观察到的症状:

> 人们认为,墨西哥人的灵魂是忧郁的;他们哀伤、平淡、慵懒的歌曲常常让人觉得这是一个苦难的民族。事实上,我们的人民不完全是忧郁的,而是可悲的。他们的灵魂不是悲伤的,而是悲剧性的……墨西哥梅斯蒂索人从来不会看是否得到准许而行动,而是"只要能干就去干。他们不去暴揍太阳几拳,只是因为不想把我们置于黑暗里"。[12]

新的宇宙种族最终成为一个多愁善感的大男子主义的可悲假面舞会,这就是研究"墨西哥性"的学者们喜欢反复引用的神话在无数歌曲中的呈现方式。

当一个国家的民族良知似乎在进步与现代化的浪涛中悲惨地倾覆时,它还能有什么未来呢?有什么盾牌可保护这个国家不受自己的孩子——一群情绪化、粗鲁、懒惰、不服管束的梅斯蒂索人——的伤害呢？需要把这些敏感的佩拉多纳入民族文化，就像旧日印第安人的余烬在忧郁农民的统一性神话中重生一样。同样，革命所召唤的新普罗米修斯（宇宙的梅斯蒂索，作为新人类胚胎的无产者），也将沦为可悲的佩拉多形象。虽然跪伏的印第安人没有未来，但他有着过去；新的英雄既没有过去，也没有未来。民族主义深化阉割了他：这就是将无产阶级当作民族文化的一部分需要付出的代价。

对革命现代性英雄的民族主义推崇（卡索、巴斯孔塞洛斯和墨西哥政府所召唤的英雄），包含了深刻的非理性因素：它创造和褒扬了一个被赋予强烈情感的民族，能够抵御四周冰冷的技术，以及现代工业社会被污染的、有毒的空气。这样，主流文化成功推进了其国家民族主义合法性的坚实进程。但这一过程是通过一种斯多葛式的思维模式实现的，它放弃了将民众转变为有效的无产阶级群众，以使其有能力抵御现代形式的剥削。墨西哥的民族主义包括了一种斯多葛主义的元素，因为它对支撑自身的社会结构充满了深深蔑视，也因为其精神放弃了资本主义工业社会固有的世俗任务。[13] 这种代表一个种族的思想抵抗着现代生活，用情绪化和多愁善感的外壳保护自己。这是殖民地知识分子被现代资本主义抛入现代性的荒凉环境时的回应。这其中没有反资本主义的态度：现代性被接受了，但接受得不情不愿。在这种态度中，可以见到一种依附性文化的斯多葛综合征。诚然，多愁善感有着一种大众性起源：众所周知，当工业文明占据了大众环境时，会出现深刻的情绪化反应（这一点不仅仅在墨西哥存在）。但在墨西哥，政治精英们将受压迫民众伤感的呼声制度化，并将其转化为民族文化的替代品。

还有一种非常普遍和庸俗的观念,人们认为它们会爬进妇女的阴道。

第十五章
爱国主义的手术刀

又一次，阁下那张黝黑的、圆圆的、结实的、没有表情的脸发生了莫名其妙的蜕变：虽然圆圆的、睁开的眼睛假装什么都没看见，但颈部的紧绷、头部的灵活摆动和鼻翼的快速扇动使其恢复了活力，给他带来了纯粹的惊奇与微妙的智慧，如同一只刚刚和神秘世界沟通过的野兽。因为微风从他身上吹起的、几不可见的花粉屑，带来了全部充满活力的风景。

——豪尔赫·萨拉梅亚(Jorge Zalamea)，
《阁下的蜕变》(*La metamorfosis de su Excelencia*)

当画家何塞·马里亚·贝拉斯科穿越墨西哥谷,在他美丽的画作中捕捉"空气最明净的地区"的魔力时,对动植物研究也产生了深刻的兴趣[1]。贝拉斯科是一位优秀的博物学家,故而他对神秘的美西螈兴致盎然。他熟谙居维叶和迪梅里的研究,并被美西螈身上的诸多谜题所吸引。好奇心促使他对这种两栖动物的特点和习性进行了详细的考察,并对其循环系统和呼吸系统进行了解剖学研究。他在1878年12月26日和1879年2月27日的墨西哥自然史学会的会议上,向学会成员发表了一篇相关论文,涉及了此项研究的成果。1

在这篇论文中,贝拉斯科描述了居维叶的关切和迪梅里对美西螈蜕变为蝶螈的观察。他指出,在了解到迪梅里1866年的实验后,他决定"在自然界本身,在墨西哥广阔而优美的谷地中拥有的天然水族馆里"验证变态过程。他也强调,这是一项极为困难的任务。

---

[1] 何塞·马里亚·贝拉斯科(1840—1912),墨西哥博物学家、画家。其画作使得墨西哥地理成为全民族认同的象征,在墨西哥国内艺术界有着极高认可度。《墨西哥山谷》是其经典代表作。墨西哥山谷地区又有"空气最明净"的地区之称,这一说法源自德国学者洪堡对墨西哥谷的评价,为墨西哥知识界广泛接受。阿方索·雷耶斯在其《阿纳瓦克奇景》中引用了这种说法,卡洛斯·富恩特斯更是以之为题创作了小说《最明净的地区》。

但发现美西螈变态过程是在巴黎,而不是该动物的原产地墨西哥,这点令他非常困扰。他进行这项困难的研究,并非出于个人的虚荣,"而是为了不让外国人认为(蜕变的确认)没能更早取得,是由于我们怠惰的疏失"。

贝拉斯科热爱他的祖国。让他感到惊讶的是,一种(墨西哥)动物已经成为自然科学中极为重要的角色,可在墨西哥却没有人验证过其蜕变情况。

"先生们,我请求诸位,"贝拉斯科对他自然历史学会的同事们讲:"要注意,几个世纪过去了,在我的祖国也就是这些生物生活的地方,它们的蜕变并不为人所知。尽管他们是水生动物贸易的重要资源,一直在墨西哥的市场上销售,并被热心地寻来给生病的孩子补身体……"

画家将对美西螈的研究当成一种爱国义务:"当然先生们,我必须承认,我觉得自己至少有义务去寻找它们……"经过了十二年对美西螈的寻找、观察与解剖,贝拉斯科得出了认为值得发表的结论。"最后,我亲爱的同事们,"他用颤抖的声音说道:"现在是时候让我向你们说明,我作为一个墨西哥人所担负的义务了。"随后,他为自己的学识不足请求与会者的原谅,认为有必要感谢一位出色老师的支持,并祝贺迪梅里的发现终于在自然界中得到了确认(毫无疑问,他不知道这位杰出的法国人已于八年前去世……)[2] 由于水质的浑浊让他无法观察到美西螈的繁殖方式,他再次表示了歉意。在做了这些初步的澄清后,贝拉斯科继续描述了他在瓜达卢佩·伊达尔戈镇的圣伊莎贝尔湖观察到的美西螈新品种("钝口螈"[siredon],依照当时的分类)。这是一种带着黑色和黄或金色斑点的绿色动物,与迪梅里研究的美西螈有所差异。事实上，我们的著名画家看到的是另一种蝾螈幼虫，不同于与洪堡和居维叶关注的幼态延续美西螈。贝拉斯科承认，他没能观察到这些美西螈在水中的繁殖情况，所以不可能确认他们是否在幼态期就获得了性成熟。此外，圣伊莎贝尔湖每年都会完全干涸，这样就很明显，幼虫必须蜕变为蝾螈才能在陆地上生活。贝拉斯科表示，他没有核实过来自索契米尔科湖或查尔科（Chalco）湖的美西螈的任何蜕变情况，而这些美西螈是在市场上新鲜出售的。他解释说，圣伊莎贝尔湖的美西螈是烤熟、包在玉米叶里售卖的，这也是其变态过程从未被验证过的原因。

在学会第一次会议结束时，贝拉斯科简要地讲述了圣伊莎贝尔湖美西螈的一些陆上冒险经历：他家里的美西螈中有几只逃跑了；其中一只跑到院子里，把看门人吓了一跳。另一些躲到了厨房里（这无疑是为了寻找雌性，如下文所述），躲在了托盘下面以及地板的缝隙里。

在该地区的村庄里，美西螈在远离湖边的区域被发现。贝拉斯科的一位女仆告诉他，美西螈在晚上八点左右出现在他家厨房里，而他家距离湖水有 200 米远。贝拉斯科解释道，除了蛇类，美西螈最凶险的敌人就是人类。

人们无法忍受看着这些动物黏腻恶心的样子，仓促地取了它们的性命；贝拉斯科继续说道：“此外，还有一种非常普遍和庸俗的观念，人们认为它们会爬进妇女的阴道；因此，会看到女人们奔跑着躲避它们，并常常发出尖叫。”

贝拉斯科在页脚指出，这些动物会在 35°C 温度下死亡，以此暗示它们无法承受雌性的体温。在自然历史学会的下一场会议中,画家解释了他用爱国主义手术刀对美西螈进行解剖学研究的结果。他的研究使自己相信,在美西螈的体内一直有火焰燃烧,可以将之变成火的动物——蝾螈[1]。

---

[1] 西方语言中蝾螈(salamander)一词本用于称呼炼金术和民间传说中代表火元素的元素精灵,又译作沙罗曼达。由于描述形象接近,西方人逐渐将"沙罗曼达"定为蝾螈的学名,并认为其(尤其是欧洲常见的火蝾螈)具有代表火元素的能力。

第十六章
燃烧的灵魂

蝾螈
在抽象的城市里
在令人眩晕的几何图形间
——玻璃、水泥、石块和铁——
组成的巨大奇美拉
在计算中起身
在利润中繁育
靠在无名墙壁之侧

——奥克塔维奥·帕斯(Octacio Paz),
《火蝾螈》(*Salamandra*)

一旦革命的灰烬冷却下来,墨西哥文化中就会呈现出一个关键问题。在粗鄙野蛮的墨西哥人带着周期性的执拗,从现代性的钢筋混凝土大厦窗户朝外望时,关于其永恒原型的宇宙演化学与跨历史神话就显得不足了。有必要构建一个相似的神话,在这个神话里,人们沉浸在墨西哥革命释放出的**历史**旋涡中。值得注意的是,墨西哥文化围绕着米尔恰·伊利亚德(Mircea Eliade)所称的古代人宇宙观与现代历史的恐怖,编织出了两个神话。[1] 我已经指出了第一个神话是如何塑造了跪伏的人的恐怖比喻。第二个神话就像编织了一张厚厚的网,包裹了(但没有抵消掉)古代墨西哥人的传说。难怪尽管奥克塔维奥·帕斯为揭开现代性的悲剧作出了巨大贡献,也不得不借助古代阿兹特克人野蛮的原型来解释1968年在特拉特洛尔科发生的大屠杀[1]:金字塔顶的血腥献祭确保了时间的回归,而这种献祭是由迪亚斯·奥尔达斯(Díaz Ordaz)政府的总统专制主义所召唤的。[2] 奥克塔维奥·帕斯的解释只是指古老的宇宙起源时间突然闯入现代性的空间。但现代人的痛苦与磨难不能再归咎于古神明或是旧主宰。不再有一种循环的时间,可以将

---

[1] 在古巴革命和其他地区左翼学生运动的影响下,自1968年夏以来,墨西哥发生了一系列学生示威运动,并和政府发生冲突。为保障当年的墨西哥城奥运会能于10月12日顺利开幕,墨西哥政府于10月2日调度军队,对集聚在特拉特洛尔科区的三文化广场上的示威学生和民众进行清场,造成了大量流血伤亡。

日常的痛苦解释为对祖先罪孽的救赎。怀旧也不再是焦虑的成因,因为原初的美好记忆已经丢失。现代性拒绝走上霸权文化所描画的道路,即从伊甸园被驱逐到末世的道路。

墨西哥革命释放出的民族主义(在 19 世纪实证主义的一种悲喜剧式回潮中)相信进步与历史的车轮已经开始转动,驶向民族福祉的未来。因此,所有苦难都是不公正的,本质上都是过眼云烟。然而,面对痛苦与磨难的决定性存在,霸权文化却在寻找一个答案。要如何向新粗鄙者、现代佩拉多讲述当今的苦难?如果连苦难都不再有价值,那无产阶级的生活还有什么意义?把社会苦难定义为**历史**之恶(因此也是短暂的),并不足以给新权力带来合法化,因为历史的周期必然长于每个人的生命。有必要在**民族**文化空间里找到一种解释,避免任何激进的替代方案(此类方案会产生威胁,导致新的革命分裂)。但也不能仅仅诉诸陈旧的传统民族主义,即墨西哥灵魂的印第安根源、宗教宿命论或是对复古倾向的回溯。跪伏的亚当被驱逐出他的伊甸园,他需要一种新的人格来对抗资本主义社会。但他的新人格不能只是新教伦理为了生活在韦伯所说的"现代社会令人失望的铁笼中"所创造出的实用主义的、清教徒式的、勤奋和高效的人。现代墨西哥人试图掩藏其忧郁的**另我**,以爱国的与革命的雄性面目示人。尽管他的举止强硬而有节制,但内里则是多愁善感。对于新的墨西哥人而言,有必要创造一种新的痛苦形式。

墨西哥现代性的英雄,为了对他有血有肉的同时代人产生吸引力,必须呈现出悲剧性与戏剧化的一面。与被逐出原始伊甸园者的戏剧性类似,新人物必须是创造他的社会的弃儿:和他同处城市边缘与苦难中的同伴背叛和攻击了他。但与思乡的农民不同,无产阶级是心怀怨怼的。

奥古斯丁·亚涅斯将现代墨西哥人比喻为被蔑视和怨恨的存在,引起了巨大的反响,因为该比喻用戏剧化的方式描述了一个事实:资本主义工业社会拒绝墨西哥革命者侵入现代性时带有的暴力情感。革命者没能抵制资本主义的发展将新日常生活方式推广到全国。现实与神话混杂交织在一起:墨西哥人感到被周围的世界背叛,这种紧张情绪首先在爱情关系与友谊纽带中爆发和呈现。现代性的英雄开始不信任任何事和任何人,其受伤的存在引出了许多激愤哀怨的流行歌曲:

> 当你靠在另一个男人的怀抱里
> 相信自己是最被宠溺的女人,
> 我希望上帝把你杀死在梦里
> 因为你的无耻,和对我爱情的背叛。

借此,新神话为墨西哥人的"非理性"行为提供了借口,也让他们从栖身的紧张情绪中得到了表面的解脱。此外,如雷耶斯·内瓦雷斯谈及这一主题时所指出的,这也给他们带来了某种品味,因为社会上会对那些因感情而受难者抱有钦佩之情。[3]这位作者还强调了占据主导地位的激情如何使政治本能摆脱人类理性的支配,从而让最肮脏的联盟或最凶残的报复行为因每个墨西哥人内心的火焰而合法化。

然而,怨恨是主流文化所发现的掩盖现代墨西哥人脆弱性的最好方式。其性格中痛苦和侮辱的余烬抵御着波德莱尔口中"石子路上的泥潭",即工业文明的泥淖、沥青和水泥的坑洼。

这种形象及其寓意极其精准:处在悲惨赤裸中的墨西哥人,只有成功地用仇恨引燃自己的精神,才能抵御资产阶级剥削的冷酷功利主义:他被世界、被社会、被他的女人、被他的儿女所背叛……他不得不在无尽的侮辱、冒犯、痛苦与难过的灰烬里缓慢燃烧自己的灵魂。只有这种内心的灼热才能温暖其赤裸的身体。

革命现代性中的墨西哥人,也就是梅斯蒂索人,生活在一个定义了其爱国主义,但也禁锢了他的循环里:从暴力到激情,从激情到怨愤,出于怨愤又重回暴力。这是一项永恒的循环运动,就像是轮盘赌一样,不知道会在哪里停下来。幸运之神会突然奖励他一段热烈的爱情,然后又将他变成一个被蔑视和伤害的人;或许明天天亮时,会发现他肋骨间插着一柄匕首。因此,人们坚持认为墨西哥人生活在焦虑和偶然之中,正是这种境况定义了他们。民族主义伦理认为墨西哥人习惯于偶然性的存在,并由此得到启发,看到了其中积极的一面,如莱奥波尔多·塞亚所言:"凭借孤注一掷,凭借对偶然性与有限性的确认,凭借对被认为是偶然的事物的恒久肯定,梅斯蒂索精神产生了一种新的安全感、优越感与效能感。"[4] 人们认为,通过顽强的试错游戏(其玩家并不在意未来的不确定性),国家不断积累出一种高昂的进取精神。没人知道,这是出于怎样的神秘机缘。

这种想法显然是矛盾的,但却支配着掌权政治家的良知,尽管许多知识分子都将其斥为蛊惑人心的把戏:好斗、热情、果敢者的棍棒难以打破满腹丰饶的爱国主义皮纳塔(piñata)[1]。事实上，对被剥夺继承权者多愁善感的后代而言，民族主义的皮纳塔从来就不存在：所有这些操纵墨西哥人性格的正式结果，都是墨西哥革命沿着通往现代性的开放道路所留下的伤害与侮辱的混乱痕迹。

---

[1] 皮纳塔是一种主要在墨西哥盛行的游戏，将彩色纸(或塑料纸)制作的容器悬挂在高处，再用棍棒击打，打破后内藏的玩具和糖果会掉落下来。皮纳塔一词源自意大利语单词 pignatta，一说是马可·波罗参考了中国传统民俗"打春牛"而引入的游戏，由于传教士用以吸引原住民而在墨西哥发扬光大，衍生出了现代皮纳塔的种种形式与含义。

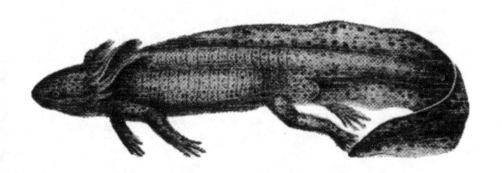

美西螈破坏了演化与进步的美景。

第十七章
退或进?

美西螈是一种娇弱的两栖动物,在任何情况下都是病态、笨拙、缓慢且粗鄙的。

——阿方索·路易斯·埃莱拉(Alfonso Luis Herrera),《美西螈》(*El ajolote*)

事实上，美西螈坚持在水中生存，而不像蝾螈一样登陆完成变态过程，这成为 19 世纪进化论者面临的巨大难题之一。但何塞·马里亚·贝拉斯科并不喜欢进化论，并利用自己的美西螈知识介入了自然科学界发生过的最重要争议之一。[1] 在《自然》(*La Naturaleza*) 杂志 1880 年发表的一篇论文中，贝拉斯科对奥古斯特·魏斯曼（August Weismann）的观点进行了激烈的批评，后者将这种墨西哥两栖动物当作一个物种向另一个物种转化过程的例证；换言之，由一个变态物种向另一个无变态物种的转变，及一个无鳃物种（蝾螈）向另一个常鳃物种（美西螈）的转变。贝拉斯科的论断仅限于指出动物本身的自然状况导致了变态，且不同意达尔文主义关于物种进化的"夸张"理论。事实上贝拉斯科搞错了，因为他错误地以为，进化论者认为变态自身等同于物种变化。[2]

伟大的墨西哥生物学家阿方索·埃雷拉（Alfonso Herrera）也加入了这场争论，他批评了魏斯曼的论点且重申了贝拉斯科的想法，即美西螈的有机变态趋势与环境影响无关。但埃雷拉认为，美西螈营养状况的改善才是产生变态的原因。本质上，埃雷拉认为变态的未发生是各种环境因素（低温、食物缺乏等）造成的，但他反对**栖息地**变化导致变态的论点："我不认为物种的快速形成，是由**神秘**、唯一和直接的环境影响所造成的。"在埃雷拉看来，变态作为**趋势**确是事实，但它是由营养**导致**的。[3]

事实上,魏斯曼是海克尔"复演说"的支持者,他认为每个个体的生命(个体发育)都是物种整体进化(系统发育)的反映-复现。个体发育包含个体生命从受孕到死亡的全程,因此包括哺乳动物产前的胚胎期,当然也包括了两栖动物的幼体阶段。复演论者认为,成体的祖先阶段会在其胚胎期或幼年期得到重复。但对他们而言,美西螈是一个令人不安的问题;海克尔承认这是一个"极为奇特的案例",但将其宣称为一个祖先特征持续存在的案例。然而美西螈显然是复演论的一个例外,因为它呈现出一种被截断的发育、一种谱系性逆转或是早前祖先的状态。复演论者的生物遗传学定律是通过逐步**增加**阶段来实现系统发育的,但美西螈的案例却涉及了阶段的**缩减**。复演论者针对美西螈的问题争论不休;他们无法就美西螈究竟是返祖现象、简单的阻断进步或是真正的倒退达成一致意见。然而几乎所有人都借助了魏斯曼的解释,接受了美西螈回到了常鳃阶段的说法:这不是一种新现象,而是回到了早先的谱系阶段。[4]

复演论者认为,每个个体的一生都是整体进化的反映。同样,民族主义者认为每个墨西哥人都是民族历史的重演。同无产者一样,美西螈也是一个令人反感的案例,破坏了演化与进步的美景。

第十八章
做一个墨西哥人是否有意义？

我心里想要说的是体如何换上了新形的事。[1]

——奥维德(Ovidio),
《变形记》(*Metamorphoseon*)

---

[1] 参考杨周翰译本。

工人阶级诞生和发展的恶劣条件一直让资产阶级感到恐惧与反感,他们怯于承认无产阶级是他们自己的创造物。根据阿尔伯特·丹多伊(Albert Dandoy)在一部二战后出版的关于法国工人阶级的重要著作中的解释,尽管谁也不能否认,他们的出现是工业化必须且无法避免的结果,但在统治阶级眼中他们依然是"现代社会身侧长出的霉疮";这本书很糟糕,但它确实重拾了资产阶级畏惧无产阶级的老传统,认为后者充满了怨恨、不信任、不道德、善变以及自卑和被剥夺的情结。[1] 可以看出,这些正是萨穆埃尔·拉莫斯及其学派赋予墨西哥人的特征。新的城市境况,让这些墨西哥灵魂的观察者十分恐惧。对他们而言,墨西哥人毫无理智可言,无缘无故地否定一切,不信任任何人,对思想充满了蔑视。拉莫斯痛苦地自问:"那么墨西哥人为什么活着?"他之所以活着,是因为过着一种未经反思、没有未来的生活,故而墨西哥社会不过是"一团混沌,个体在其中像散沙一样盲目运动"。[2] 这个比喻完全适用于现代资本主义社会的典型运作。

从1844年以来,恩格斯本人一直在努力理解和描述今天所谓可怕的"贫困文化"。在其对工人阶级状况的经典研究中,恩格斯指出,无产阶级典型的冲动、短视,当然也包括酗酒和滥交倾向,是缓解他们日常生活中特有的匮乏、不稳定和堕落的必要平衡。³如今，19世纪特有的无产阶级亚文化在最发达的资本主义国家已经基本不复存在；但却在落后的外围地区出现，在那里工业革命推迟的痛苦由于殖民主义和帝国主义压迫的后遗症变得更为剧烈。这也就不难理解为什么会出现在某种程度上类似于欧洲资产阶级用来描述无产阶级的文化刻板印象。

墨西哥状况的特殊性在于，为了促进民族认同的发展，无产阶级的原型被诡异地分离出来。在革命之后，墨西哥民族主义者（本土传统资产阶级的孤儿）只剩下农民与无产阶级作为灵感来源：需要对意识形态进行解剖，以便从大众文化中提取某些特征，并将其提升至民族意识形态范畴，同时抛弃被认为无关紧要的其他方面。这不是一种简单的二元对立行为，就像波菲里奥式实证主义所做的那样：摒弃那些被认为有害的元素。⁴这是墨西哥人复杂、矛盾形象的呈现，在很大程度上也是城市无产阶级状况的反映。我已经提到，墨西哥人的原型多愁善感且暴力、热情而好斗、心怀怨恨又充满愤怒。现在我们必须认识到另一个本质层面：墨西哥人也是一个逃避者，寻求躲避其周围的痛苦现实。从逃避工作的懒惰与丧志，到创立复杂的逃避与伪装机制，人们从多个不同角度对这种逃避进行了描述与评价。对许多人来说，这种逃避都是无意义的，徒增工业社会的混乱。这种逃避的结果，是塑造了一个在流浪汉文学中由来已久的形象。然而，墨西哥的佩拉多并非只是西班牙流浪汉传统所创的变种；奥古斯丁·亚涅斯曾宣称，墨西哥的佩拉多缺乏皮卡洛（Pícaro）的敏锐，后者的狡黠本质上以语言为基础，"通过冒险、范例和实地观察获得"。⁵与旧日的阿尔法拉切们、小癞子们、骗子们、佩里基略[1]们不同,佩拉多是现代城市工业化的垃圾:对他们来说,语言并非交流的手段,而是一种能够自卫与隐匿的屏障。因此,皮卡洛最优秀的后继者之一是无声电影中的英雄,而并非来自旧时小说:查理·卓别林(Charlie Chaplin)以其无助的淳朴与温柔的狡黠唤起了人们对20世纪苦难者的同情。难以捉摸的表情语言,佐以眉毛和胡子的各种动作,成为抵御咄咄逼人现实的最佳屏障。与夏尔洛(Charlot)对标的,是墨西哥的坎丁弗拉斯(Cantinflas),他最重要的特点之一正是能够通过难以捉摸的语言摆脱任何困境。墨西哥人性格的观察者之一——塞萨尔·加里苏列塔(César Garizurieta)——称,坎丁弗拉斯是墨西哥人心理类型的最佳代表性范例。[6]与卓别林的正装透露出的乌托邦式变革意愿不同,坎丁弗拉斯没有改善自己的意愿,"他甚至连一个梦想中的美好世界都不想要;他只想依然故我"。[7]现代墨西哥人被简化成为一个漫画人物。墨西哥革命的各种插画家都曾极力颂扬活力、进取心与生命力,将其视为新人类的特征,但这些在坎丁弗拉斯处荡然无存。这位受挫的普罗米修斯不仅带来了火的天赋,也带来了言语的天赋。加里苏列塔说:

> 坎丁弗拉斯在为自己辩护时,使用了一种不自然的、不着边际的语言,这是他的无能造成的。面对强烈的自卑感,他知道自己无论是肯定或否认,都会受到同样的伤害;

---

[1] 流浪汉小说是一种16—18世纪自西班牙起源,流行于欧洲各国的文学类型。西班牙流浪汉小说主角被称为皮卡洛,原意为违法者、无赖、恶棍,主要形象为穿梭在各个社会阶层之间,往往通过智力和欺诈改善生计的小人物。文中所提及的"阿尔法拉切""小癞子""骗子""佩里基略"分别来自著名流浪汉小说《古斯曼·德·阿尔法拉切》《小癞子》《骗子外传》和《癞皮鹦鹉》。

于是他既不否认，也不肯定：他在肯定和否认之间摇摆。他无意中一开口，就会引人发笑或流泪，因为悲剧和喜剧之间并无界限。[8]

坎丁弗拉斯受到大众的喜爱，无疑也是因为他通过玩笑批判了社会不公；比如，当有人问他工作是否是件好事时，他回答道："如果是好事，早就被有钱人拿走了。"但这是一种顺民的批判，所提出的是逃避而不是抗争，是溜走而不是战斗。

墨西哥人变成了装傻充愣、语带双关的大师。他重归委婉、斟酌、含混与迂回，"以拐弯抹角为乐"。这要归功于其绕弯、搪塞、冗述和费解的语言，似乎是为矫饰艺术量身定制的："指东打西，颠三倒四。"[9] 坎丁弗拉斯式的刻板印象是否适用于许多墨西哥人，这一点尚且存疑；但很明显，它可以被用来表述政府官僚政治的风格。它甚至是一个很好的比喻，可以用来描述使一党独裁和政府专制主义合法化的特殊调解架构：这种结构是一个由矛盾、双关和矫饰组成的迷宫，它允许接纳最为激进的民众诉求，这些诉求会不可避免地迷失在走廊、前厅和办公室的迷魂阵里，其原本的意义也随之消失。在这里我们不难看出，相比于其他方面，民族性的定义更多源自政治动机。如果我们不是在民众中，而是在霸权阶级中寻找其根源，就能更好地理解这种定义。请参阅下面的定义：

> 作为即时者，紧迫性是墨西哥人的决定性特征。日常发生的事情若不是迫在眉睫，他就会漠不关心：失去工作或爱情；拥有金钱与否；是不是践行诺言，对他来说全都无关紧要。[10]

这就是"无所屌谓"[1]的由来,其作为隐喻的前身可以追溯到西班牙风俗派作家弗朗西斯科·桑托斯(Francisco Santos)的作品《西班牙的无所谓》(*El no importa de España*,创作于1668年):在书中提到了西班牙人的怠惰,他们用一句干巴巴的"无所谓"来为一切错失辩白;梅嫩德斯·皮达尔(Menéndez Pidal)讲述了一位德国伯爵在1599年被费利佩二世(Felipe II)慢吞吞的大臣(绰号"永恒之臣")所激怒。让他倍感折磨的这种态度,被拉腊(Mariano José de Larra)在1833年描述为著名的"您明儿再来"。[11]

我们面临着一个复杂的现象:在某些历史时刻,统治阶级会将他们认为是大众文化的东西加以利用,并对其进行一种奇怪的模仿。这样,民族文化从大众文化中汲取了营养。但这并不是一种线性过程;民族文化中的大众成分,只是取材于其所在社会阶层的日常生活碎片,而这些碎片常常是非常扭曲的。我们可以认识到伪饰、逃避、双关与懒惰的无产阶级(甚至流氓无产阶级)起源,据说这些因素有助于墨西哥人性格的形成;我们甚至可以在许多政客身上看到坎丁弗拉斯式的行为。但需要强调的是,特彼多(Tepito)地区[2]一位佩拉多的生活,与电影、电视、文学或哲学向社会提供的参照模式间存在着巨大鸿沟。大众传媒利用霸权文化再造的民众刻板印象,反过来对大众阶层的生活方式造成影响,使情况变得更为复杂。如果这种影响没有发生,民族文化就不会具有使统治体系合法化的功能。这种合法化功能赋予权力以活力,使我们不断发现新文化

---

[1] 无所屌谓(importamadrismo),墨西哥式西班牙语表述,意为对一切都漠不关心。
[2] 墨西哥城的一个街区,自前西班牙时代以来便是大型露天市场所在地,是墨西哥城内治安最为混乱的区域之一。

形式的萌发。同样的刻板印象最初可能具有明显的反霸权特征,但后来的面目则转变得几不可认:如是,革命壁画中的工人变成了代表惶恐的存在主义象形文字,大众帐篷剧院(carpas)中的喜剧表演则蜕化成了坎丁弗拉斯的口吃。最终,对于霸权阶层来说,身具潜在危险和革命性的佩拉多和无产者沦为了一群只会哼哼唧唧的怪人,至多只能通过唱歌来表达自己的情感。

大众街区里出现的方言原本是一种防御形式;作为一种语言,它不仅能让社会群体成员认同自身的生活方式,也是阻挡他人理解其对话内容的壁垒。我们知道,民间土语深受黑社会和监狱语言的影响,他们发展出隐秘的交流方式,以避免被破译。这些语言对于非其创造者的社会群体来说**毫无意义**,而这一点正是它们被创造的原因:它们的意义只体现在"这里"(大众街区),而不在"那里"(资产阶级上流社会)。出于自我认同与区分的需要,出现了所谓的特彼多"在此艺术",成为这个贫穷的街区捍卫当地文化的流行形式。但是,当这些民间黑话脱离其自然环境时,就失去了其意义,产生了我所指出的现象:"无意义"成为这些流行说法的"新含义"。这些俚语的新功能就是混淆意义,且只展示大众语言的防御性与难以捉摸的一面。因此,坎丁弗拉斯式的言说掏空了语言的意义,将其转化为一种避免窘境的方法;与之相反的,坎丁弗拉斯作为起点的民间切口成为一种更深的困窘形式(即与其自身和周围世界保持一致)。由此,墨西哥人的刻板印象采用了具有大众根源的元素;但随着场景的变化,就像从坎丁弗拉斯口中说出街区黑话时,它们就获得了另一层意义。[12]

坎丁弗拉斯版本的佩拉多传说非常有趣,因为它清楚地揭示了政治文化在政府和人民之间建立的关系。坎丁弗拉斯不仅是对墨西哥城市贫民的刻板印象,也是国家专制与民众堕落之间必然存在的深层结构性联系的拟象。坎丁弗拉斯要传达的信息是显而易见的:苦难是愚昧原始主义的一种永久状态,需要通过滑稽的方式为其平反。这主要通过言语的堕落和意义的坍塌表现出来,是一种关于蜕变的谵妄,在其中,一切都在没有任何明显意义的情况下发生变化。可以理解为,人民的堕落与政府的腐败间存在着一种对应关系:这些人拥有他们应得的政府。或者反过来说:专制腐败的政府拥有适合它的人民,坎丁弗拉斯式民族主义向其提供统治对象。

坎丁弗拉斯电影中经常出现的一个主题是角色的混淆:斗牛士是一个小贼(在《既无碧血,也无黄沙》[Ni sangre ni arena]中),警察是一个佩拉多(在《陌生警察》[El gendarme desconocido]中),或是法官和律师最终像坎丁弗拉斯一样谈话(在《详情如此》[Ahí está el detalle]中)。整个政治体系中,佩拉多式的内在腐败随处可见;鉴于革命政权是人民政权,它必须按照墨西哥人的性格行事(政客们喜欢把这种性格上的堕落称为"民族特质")。坎丁弗拉斯的所作所为通常呈现出说教意味和鄙俗性,但这并不能抹杀一个基本事实:它们是佩拉多变身警察、百姓成为政府、胡言乱语被尊为政治话语的拟象。[13]

坎丁弗拉斯的胡言乱语不是对政客蛊惑人心的批判,而是将其合法化。通过表情和动作(与毫无意义的大放厥词并行不悖),暗示着还有另一种解释,另一种隐藏的东西;通过头部、眼目与腰肢的动作唤起的另一种现实,是一个充斥着非法利润、无爱欲的性、没有代议的权力、无需劳动的财富的世界。在双关语与伪装中,隐含着一种微妙的贿赂邀约:游戏规则建立在一种庸俗的贪欲之上,它让墨西哥人躲避警察,欺骗低能者,摆脱同性恋,轻松与其他女人交媾,同时避免被自己的女人戴上绿帽子。佩拉多生活在一个为了正常运转需要定期上油的世界;一个圆滑的社会就这样被建立起来。在这个社会里,一切都会随时失去意义,公序良俗也变得滑不留手。当事情停滞不前时,就需要涂上被欧洲人称为"墨西哥油膏"的东西——贿赂。当问题或阻碍出现时,为了将其化解,就需要把油膏悄悄塞入合适的人手里,以永久保持感官对于蜕变的谵妄。

然而,生活在腐朽世界中的佩拉多这一刻板形象必须打动我们,触动我们柔软的心弦。我们无法避免,在佩拉多的身上瞥见被激情、冲动、痛苦与兴奋穿透的灵魂。因此,当这个灵魂被问及作为墨西哥人的意义时,答案是显而易见的:墨西哥人没有意义……但是有感情。

蝾螈的不完全发育。

第十九章
创世纪

> 对人类这个物种而言,岁月带来的变化最为惊人。动物们会憔悴、消瘦、衰弱;但它们不会蜕变。我们会。
>
> ——西蒙娜·德·波伏娃(Simone de Beauvoir),《论老年》(*La Vieillesse*)

两栖动物的变态是一种循环反馈过程。由于甲状腺素的作用,组织会发生变态。甲状腺素是一种激素,可以让身体的每个部位发生独立且唯一的形态变化,因此不会出现鳃拉长、长出两条尾巴或者在腹部长出眼睛的情况。每种组织都以特定方式对甲状腺素做出反应,也有自己的刺激阈值;最先发生变态的身体部位,就是对这种激素最敏感的部位。可以想见,为了改变某些组织,就必须增加甲状腺素的浓度。是什么刺激甲状腺分泌更多的甲状腺素?由脑垂体分泌的另一种被称为促甲状腺激素的激素能够做到。那么,是什么刺激了这第二种激素的产生呢?似乎那些化学信号,是通过大脑第四脑室的内侧隆起产生的神经分泌物所传递的。变态,即身体的革命,似乎是由脑部活动所引起的。这个比喻在知识分子听来是多么悦耳啊!问题是,这处隆起在蜕变前并没有完全分化:为了达成分化,它需要第一种激素——甲状腺素的刺激!如我们所见,这成为一个闭环。在某一特定时刻,下丘脑对低水平的甲状腺素循环变得敏感,继而刺激内侧隆起的发育,从而启动变态过程。触发这一进程的时刻是由基因通过遗传来决定的。

我们来自索契米尔科的美西螈是一种没有发生这一关键时刻的动物:虽然已经证明其组织对甲状腺素是敏感的(如果向它们注射甲状腺素,就会蜕变为蝾螈),但这一激素刺激进程并未被触发。如果没有遗传信息来确定信息链的起点,蜕变就不会发生。在某些美西螈品种中,幼态延续只是偶尔发生,而在另一些品种中则从不发生。[1] 这似乎表明,幼态延续的潜能是由基因控制的,与环境因素相互作用。对大多数两栖类动物而言,相比于幼态延续,自然选择更倾向于促成变态。但也有少数蝾螈的情况是相反的,自然选择更倾向于幼态延续,因为幼体阶段比蜕变后的成体更能适应身处的环境。

人类似乎是由一种适应环境的幼态延续猿类进化来的,其过程和在美西螈身上观察到的类似。人类的特点是躯体发育极为迟缓:他需要消耗几近生命三分之一的时间在发育上。正如西蒙娜·德·波伏娃所指出的,人只有在接近衰老时才会发生某种蜕变。此时他所感到的临终眩晕,不是接近了终点,而是接近了起点:即接近了产生人类的物种。对于人类来说,蜕变可能意味着回归动物状态,正如格里高尔·萨姆沙(Gregorio Samsa)在卡夫卡(Franz Kafka)的想象中变形时所体会到的。

斯蒂芬·杰·古尔德(Stephen Jay Gould)证实,猿类和人类在遗传结构上的差异惊人的微小。最为重要的差异,在于对发育变化持续时间的控制:与其他物种相比,人身上调节生长的遗传机制决定了其发育的普遍延迟。[2] 这种调节机制的变化延长了人类的童年,并给人类永久地打上了幼儿形态特征的烙印,这似乎也是智人存在的主要原因。由此衍生出了一个悖论:迟缓是社会生活的生物学基础。洛克(John Locke)早在1689年的《政府论》(*Treatise of Government*)第二卷中就指出,我们需要赞美伟大造物主的智慧,他通过延缓子女的成熟,迫使夫妻关系比其他生物的两性结合更为持久,也由此激发他们生产共用物品的技能。赫尔德从另一个角度提出了同样的看法:"为了消除人类的野蛮性并使其适应家庭关系,我们这一物种的幼年期必须持续若干年。"³ 同样,蝾螈的发育不完全实际上是一种新两栖物种的诞生:美西螈,它们永远年轻,致力于一种无声的反抗,混淆了意义和感觉。

第二十章
一场小小的私人革命

这并非
一种分割
甚至不是
一种撕裂
只是简单地
对我说
让我走
去远处
去最远处

——埃弗拉因·韦尔塔(Efraín Huerta),
《感知》(*Lo sentí*)[1]

---

[1] 经查证,该诗题目应为《哇!》(¡CUÁS!)。

墨西哥的二元论概念着实令许多作家、政治家与人类学家痴迷。有两个墨西哥：一个是乡下的和野蛮的，印第安的和落后的；一个是现代的和城市的，工业的和梅斯蒂索的。这种痴迷给多层面的现实蒙上了一层遮罩，反映在从跪伏的亚当到现代佩拉多、从倾覆的伊甸园到革命之城所构筑的墨西哥人刻板形象中。¹当然，这种二元性并非总以与演进和历史中的时空连续体相一致的术语来表达。如我们将要看到的，它也表现在马琳切/瓜达卢佩的两极性之中。在现代墨西哥文学中，二元性以非常复杂和微妙的方式表现出来；尽管不可能将美学表达简化为这种独特的两极性表达，但很明显，二元模式始终存在于革命后的墨西哥叙事中。这种二元性在现代政治文化的解剖中起着决定性作用：它是墨西哥国家合法性元话语重要的组成部分。二元性主导着墨西哥民族灵魂的构成与组织。

莫伊塞斯·桑斯（Moisés Sáenz）[1]在1929年，即革命开始制度化的当年宣称：

---

[1] 莫伊塞斯·桑斯（1888—1941），墨西哥教育家，在1920年代担任墨西哥公共教育部副部长时大力推进受杜威影响的教育改革，极大改善了墨西哥基础教育的面貌。其主张革命叙事应当弱化派系分歧和烈士崇拜，而应强调革命的人民的团结。

墨西哥有权拥有自己的面貌……自己蓬勃的文化、清晰完整的民族灵魂,将是唯一能够从各种帝国主义中拯救我们的东西。同时,它也将是我们能够为人类进步做出的最宝贵贡献。[2]

这样,民族灵魂的制度化宣告成立,其政治表述是:这是用以抗衡外国势力的人民**权利**。

这样,在跪伏的印第安人与梅斯蒂索佩拉多之间,架起了一座桥梁或线路,穿过墨西哥人灵魂的主要节点:**忧郁—懒惰—宿命论—自卑/暴力—多愁善感—忿恨—逃避**。这条线标记着墨西哥人为了认识自我而必须经历的旅程,从原始的乡村伊甸园到城市启示录。经历这条道路的方式有很多:从农民到无产者,从农场主到实业家,从乡绅到公务员,从士兵到妓女,从革命者到官僚。但在迈出最初的步伐时,就已经打上了死亡的烙印,每时每刻都在经历和遭受着死亡,这种所谓的独特方式仅为墨西哥所有。墨西哥人的死亡完美地符合忧郁原型,故而能够鼓励墨西哥存在主义者们的哲学思考、墨西哥诗人们的痛苦、墨西哥小说家们的描述过程、墨西哥社会学家们的分析或墨西哥政治家们的爱国呼吁。被驱逐出天堂者痛苦的半农民生活是取之不尽的灵感源泉:整个世界即将消失的想法,正对应冗长、缓慢、无休止的死亡形象。墨西哥人忧郁的维度,与济慈(John Keats)在他的著名颂诗中所表现得颇为相似:如评论家所指出的,忧郁是死亡的替代品,但尚未臻其完美;忧郁表现为一种残缺和低劣的死亡,但它的优点是人们可以享受其存在并与之嬉戏。正如阿方索·雷耶斯所说的:

第二十章　一场小小的私人革命

> 你是解脱,而我称你为枷锁,
> 你是死亡,而我称你为生命。[1]

　　如我前文所指出的,忧郁症与通过西班牙传入墨西哥的西方重要传统有关。[3]有人正确地指出,对民族精神的反思——从何塞·马蒂(José Martí)和何塞·恩里克·罗多(José Enrique Rodó)到安德烈斯·贝略(Andrés Bello)和西蒙·玻利瓦尔(Simón Bolivar),从安赫尔·加尼韦特(Angel Ganivet)到贝尼托·费伊豪(Benito Feijóo)——是"自西班牙衰落以来,西班牙语世界思想的根本主题"。[4]何塞·高斯补充道,对墨西哥思想家而言,该主题意味着必须从他者的衰落中独立出来,"以便摆脱外族阻挠,走上应许的伟大道路,如此崭新、如此安全"。[5]对许诺的(但总是被推迟的)伟大的追求,与构成墨西哥人性格中情感暴力的爱国主义激情相联系。同时,它也与墨西哥政府最反动的表现形式相关——这也是对伟大的谬想中常常出现的情况。[6]

　　必须在另一个墨西哥中,在正在形成的工业与官僚主义的新祖国中寻求伟大;必须摆脱闲散与忧郁,摆脱印第安人的宿命论,摆脱农村的笨拙粗鄙与民粹主义的反复无常。在墨西哥灵魂的建构过程中,这种对新民族的追求意味着与城市中那些崭新的墨西哥人(无产者、佩拉多)相遇。墨西哥政治文化在他们的身上找到了自己的替罪羊:为了**驱逐**威胁国家的恶魔并**转移**罪孽,一种类似古代犹太人赎罪日的庆祝活动应运而生。新国家的祭司们在佩拉多的头上忏悔墨西哥人的所有罪恶,从而将祖国的罪孽转嫁于其身,并使其湮没于沥青的沙漠之中。在

---

[1] 引自阿方索·雷耶斯的诗作《拜访》(*Visitación*)。

这场赎罪仪式之后,就可以享受现代墨西哥的伟大了……路德(Lutero)早就警告过:"每个民族都有自己的恶魔。"为了找到幸福,必须驱逐恶魔。

但是,在某种净化过程中,祛除了仪式性的宿命论、乡村的懒惰、自卑感与平民的感伤之后,还剩余什么呢?革命的暴力与可怕的威胁依然存在:它们必须被祛除和改造。在这一节点上,出现了墨西哥灵魂的另一个典型特征,注定会模糊它自身革命根源的痕迹。革命失去了它真正的意义,有意义的只是**失序**。有关伟大的梦想折戟于此。

183 "失序"是对规范的一种微妙的松动,允许有限度的不服从,以及有节制地放宽公民行为准则。雷耶斯·内瓦雷斯意味深长地表示,"失序"是佩拉多"与社会中其他地位高于自己的人群交往"的方式。对于这位墨西哥灵魂的记录者来说,"失序"

> 无论如何都不是一场暴动。甚至也并非什么令人震惊的风波。它是……一场革命,因为它意味着对现有规范的攻击。但它是"一场私人革命"。它被简化为纯粹的娱乐,一种或多或少的恼人玩笑,偶尔会退化为争斗,但几乎从不流血。[7]

因此,"失序"是被归置和驯服形式下的暴力和革命。它确实是一场私人革命:一场拒绝大众的革命。

无疑,豪尔赫·波尔蒂亚在其名作《失序现象学》(*Fenomenología del relajo*)中对这一题材做出了最为精妙的反思。他的阐述揭示出，失序是旅程的终点：民族灵魂被建立起来，之后又被摧毁；在它存续的根基里，早有其毁灭的原因。波尔蒂亚意识到，"失序破坏自由"——与幽默和讽刺不同，它造成的混乱是"行动渠道的混乱"。[8] 一场社会革命，作为群众运动的表现形式，就可能是一场争取自由的运动。但"私人革命"则恰恰相反，是对个体自由的威胁，因为失序破坏或消灭了人类的一切价值；用波尔蒂亚的话说，失序追求"什么都不选择的自由"。墨西哥的灵魂——从原始印第安人的第一口呼吸开始，呕心沥血构筑而成，用忧郁的凿子精心雕琢，在梅斯蒂索的情感中得到有力淬炼的灵魂——瓦解冰消。绘制其轮廓的墨水里含有一种强烈的毒药：这是一种巨大的破坏力，在斯多葛主义的痛苦血脉中显露无遗，给20世纪上半叶的墨西哥文化留下了不可磨灭的印记，也宣示于墨西哥人灵魂中被吹入的消极气息——蔑视生命、自卑感、懒惰、怨恨、逃避……鼓吹最过分的爱国主义价值观和最肆无忌惮的民族主义，都无法掩盖自我毁灭与自我否定的深层来源。豪尔赫·波尔蒂亚清醒地认识到了这一悲惨状况："我属于这样一代人：他们出生于1919年，其中最优秀的代表多年来生活在一种最讨厌、最聒噪的不负责任的环境之中……"[9] 波尔蒂亚认为，他们是尼采式的一代，陷入了缓慢的自我毁灭中：

> 失序之人所进行的是一种深度非理性的运动，其目的是遏止所有有序的未来……因此，失序必然是一种自我否定……因此我们说，无序者没有未来、缺乏前途……一方面，失序是一种自我毁灭；而另一方面，它是一种支离破碎的时间性，一朵没有方向和形态的"现时"火花[10]。

无疑，"失序"的概念起源于一种民众自卫的态度，它试图破坏和扰乱统治与剥削机制。从这个意义上说,它与流行俚语中的双关、矫饰和搪塞相似。但是,作为一种纠缠手段的"失序"一旦融入民族精神的神话里,就会成为一种诡计;制度化的"失序"也会起到牵制作用,将潜在的抗议引向一条确保统治关系平衡和持久的岔路。

波尔蒂亚的反思强调了"失序"的理念与实践的阶级起源,他从一个基本二元性的角度来解释这种情况:"失序者"与"紧绷者"[1]相对,后者是统治阶级的奇怪化身,是一类希望通过严肃精神的形式维护自己阶级地位的资产阶级。与失序的无产阶级相反,"紧绷者"为了达到那些身居高位、有钱有势的人表现出的优雅严肃外表,长期将身体所有肌肉与精神都置于紧张状态下。

这是不可避免的:在现代阶级斗争中,"失序"的神话召唤出了它的反面。"紧绷者"表现出了统治阶级所欣赏的价值:尊严、优雅、礼貌与矜持。[11]如鲁道夫·乌西戈利(Rodolfo Usigli)[2]在一篇关于虚伪与冒名顶替者[12]的文章中所解释的,这些价值也促成了"敏感的墨西哥人"这一概念的形成;墨西哥人生活在帷幔之后,因为他感到自己被监视、被观察、被迫害。这无疑也对奥克塔维奥·帕斯有关"墨西哥的面具"的相关阐述有所助益。[13]因此,无产阶级以覆面具的形式(作为一种企图搅乱压迫该群体网络的防御方式),变成了紧绷者,带着伪饰和半

---

[1] 此处"紧绷者"(El apretado)与"失序者"(El relajo)的另一重含义"放松者"存在对应,突出两个阶级属性的对立性。

[2] 鲁道夫·乌西戈利(1905—1979),墨西哥剧作家、散文家,被称为"墨西哥戏剧之父"。其剧作主要通过关注墨西哥的历史,讽刺墨西哥的现实,来试图表达墨西哥的精神。

吊子的、优雅和礼貌的、虚伪和蔑视的面具;这是他们保护自己的方式,反之也以此抵御着被剥夺者的潜在愤怒。这种情况直接威胁到民族灵魂的完整性;因此,波尔蒂亚在看到这种情形后,带着某种绝望得出了结论:"在我们共同肩负的艰难任务中,失序者与紧绷者构成了两个分裂的极点:建立一个墨西哥共同体,一个真正的共同体,而不是一个分为富人和穷人的共同体。"[14]

这个最后的隐喻——"失序",混淆和消解了墨西哥人的外部特征。尽管表现出了一种完全被驯化的革命态度,但失序却在民族灵魂中造成了一种**失控**的局面:它从河床上溢出,混乱地四处奔涌。这股洪流已经偏离了它的路线,但很快又重新追寻它最初的怀抱,奔向它失去的母亲,奔向……毁灭。[1]

---

[1] chingar 本意为性交,但在包括墨西哥在内的许多拉丁美洲国家已经俚语化,外延得到了极大延展,a la chingada 就是其中一种说法,暂可理解为"去他妈的"或者"该死的"。这段之中,作者利用俚语的双关性,一方面表示"失序"沿时间回溯,追寻失落的母体,回到了最初"性交"时刻;另一方面也借喻"失序"在社会行为中最终会导向毁灭。

逃离无法忍受的沙文主义。

第二十一章
赋格曲

一个人如果发现自己的故乡是甜蜜的，那么他还是一个稚嫩的初学者；一个人如果发现每一片土地都如同自己的故乡，那么他已经很强大了；而一个人如果发现整个世界都像异国他乡一样，那么他就是完美的。

——圣维克多的休（Hugo de Sancto Victore），
《知识论》（*Didascalicon*）

浪漫主义认为自己找到了现代人悲剧的解决办法。如何将浑浊、压抑、平庸的现实转化为可爱、灵性、诗意的主体性？在诺瓦利斯（Novalis）看来，答案就在于魔幻的理想主义：人类精神魔幻且奇妙的力量，可以通过意愿来改变世界。[1]

这样，恐怖的美西螈就可以变为一个美丽的隐喻：即使生活在沼泽深处，依然存在着蜕变的希望；也许有一天，这种两栖动物可以爬升到空气清新、鲜花盛开的土地上。[2]

但蜕变从未发生，隐喻也日渐干瘪，变得浑浊不堪。于是现代戏剧出现了另一个层面，成为拉美小说家试图解决的问题：如何将浑浊、压抑、平庸的主体性转化为可爱、灵性、诗意的现实？答案很明确：魔幻现实主义是召唤充满希望的奇妙故事的手段。美西螈顽固幼稚地拒绝改变，向我们揭示了一个真实而奇妙的世界。在这个世界里，不变可以成为一种发现，孤独可以是一种引发新物种爆发的方式。

墨西哥的民族意识也陷入了社会的泥沼。但其结果却是民族主义话语最不透明、最具压迫性的一种。需要逃离这种无法忍受的沙文主义，去寻找现实。在那里，人们可以尽情崇拜激进的他者性、崇拜批判、崇拜异议、崇拜自由。但这种他者性须臾又成为隐喻和面具，需要再次逃离。这样，两种不同旋律交织成了一首无尽的美西螈赋格曲[1]。这一旋律唱出了美西螈作为生命表现形式的荣耀。但同时其对题也在提醒我们，这种两栖动物注定要成为象征、符号和面具：它永远被困在忧郁的牢笼之中。

---

[1] 赋格(fuga)是一种复调式音乐的创作形式,起源于16世纪。主要特征为相互模仿的声部,在不同时间中以不同的音高相继进入,按照对位法组织在一起。

第二十二章
到来处去[1]

---

[1] 如第20章结尾的注解,本章题目可直译为"去他妈的、狗娘养的",但本章主题为对"母亲"这一概念的探讨,故而应指向双关语义的另一个方向,即"人类个体的来源,即母亲(其内含贬义更指向马琳切)",故将题目译为"到来处去"。

那么你为什么害怕
自己的罪孽?
应爱你所创
创你所求。

——索尔·胡安娜·伊内斯·德·拉·克鲁兹
(Sor Juana Inés de la Cruz)

墨西哥是一座寻找俄狄浦斯情结源头的精神分析探险天堂：还有什么能比在瓜达卢佩圣母的形象中激烈的大男子主义和狂热的恋母相结合更吸引人的么？墨西哥人之母——瓜达卢佩圣母，是人类历史上最悠长和广泛的原型之一最为明显的民族表达。但只有观察到与之相伴的影子时，圣母崇拜才能真正得到解释：印第安母亲，土著人的女神，马琳切。

在民族身份之旅的最后一段，不能不回归到对于最原始个体——母亲——这一理念的探讨。接下来是对拟像的延续直至顶峰：它是对原型的想象性重建。如我们将看到的，拟像对其构成要素施加了某种暴力；其问题就在于肆无忌惮地援引民族身份的神话，并将其推向终极结论。

"墨西哥灵魂"的创始神话直接将我们引向两个原初的、看似对立的来源：一方面是保护无助者的圣母瓜达卢佩；另一方面是被强奸的、多产的母亲，受辱的马琳切。然而，相信它们是对立的、不同的象征，显然符合一种虔诚的观念，即不公开承认圣母在基督教文化中深刻的情色与性的维度。[1] 我认为，经过仔细且不带偏见的审视，我们会将马琳切与瓜达卢佩圣母看作同一个原始神话的两个化身。两位玛利亚合而为一，成为墨西哥女性的原型。[2]

有趣的是,这两位女性人物的历史性诞生,让我们联想到一次怪异的女性交换或贸易:这是埃尔南·科尔特斯在征服战争中的首批战绩之一。根据贝尔纳尔·迪亚斯·德尔·卡斯蒂略(Bernal Díaz del Castillo)的说法,当征服者于1519年3月抵达塔巴斯科(Tabasco)海岸时,印第安人向其发起了战争;在他们被西班牙人打败后立即决定和谈,因此酋长们给胜利者带来了丰厚的礼物:黄金、头冠、野鸟和织物。"所有这些都不算什么,"迪亚斯·德尔·卡斯蒂略指出:"对比一同进献的二十个女人则相形见绌。其中有一位非常出色的女性,在成为基督徒后被称作唐娜·玛丽娜。"[1]³

作为和平的条件,埃尔南·科尔特斯下令在此地重新安置人口,让人们,让妇女和儿童返回居住。此外,他还命令他们放弃自己的偶像和祭祀。作为交换,科尔特斯向他们解释了新的基督教信仰,"并向他们展示了一幅非常庄严的圣母像,圣母怀中抱着她的宝贝儿子;向他们宣称我们敬奉这幅圣像,因为她在天堂中正是如此,因为她是我们上帝的母亲"。

如此,以二十位处女为代价(马琳切就在其中),印第安人收获了一位圣母。无疑,这些赠出的女人很快就失去了她们的童贞,但我们同样可以这样描述印第安人收到的圣像。事实上,他们对于这样的处置很满意。迪亚斯·德尔·卡斯蒂略说道:"酋长们说他们很喜欢那个'特塞西瓜塔'(tececiguata),希望能把这个圣像供奉在他们村寨中。在当地语言中,'特塞西瓜塔'意为'伟大的女士'。"以这样的方式,基督教的上帝之母

---

[1] 此处及之后几处,有参考江禾、林光译本。西班牙语会在称呼男性人名前增加"堂"表示"先生",在称呼女性人名前增加"唐娜"表示"女士"。

被归入了土著信仰中"伟大的女士"序列；在另一方面，二十个女人——

是新西班牙最早的女基督徒，科尔特斯把她们分给各位指挥官。那个唐娜·玛丽娜不但长得漂亮，而且练达、大方，科尔特斯把她给了阿隆索·埃尔南德斯·普埃托卡雷罗；普埃托卡雷罗回卡斯蒂利亚时，玛丽娜跟了科尔特斯，还和科尔特斯生下一个儿子，叫做堂·马丁·科尔特斯。

于是，西班牙人与印第安人间产生了第一次肉体的、象征性的和物质的处女和母亲交换事件。两者都是保护性和母性的象征；两者都遭到了勾引和强暴。马琳切背叛了她的人民，圣母亦然，因为她们都出卖了自己，其原生性也受到了玷污：前者孕育了梅斯蒂索人，后者重生为深色皮肤的印第安圣母。

贝尔纳尔·迪亚斯·德尔·卡斯蒂略的天真与粗疏，让他没能注意到埃尔南·科尔特斯组织的圣母—母亲交换活动的失德性质。但方济各修士细心而严谨的目光没有忽视这种交换。12年后，他们再次面临相似的现象：瓜达卢佩圣母在特佩亚克山（Cerro del Tepeyac）显灵，据称发生在1531年[1]。彼处也发生了奇怪的交换：西班牙人贡献出了瓜达卢佩圣母，而印第安人则给出了古老的大地女神西瓦科亚特尔-多南琴

---

[1] 1531年，一位叫胡安·迭戈（Juan Diego）的原住民天主教信徒反复向主教报告自己看到了圣母玛利亚在特佩亚克山显灵，并表示希望为她建造一座纪念教堂，以瓜达卢佩的头衔为人知晓。在教会采纳胡安·迭戈的要求后，当地新建的教堂快速成为原住民天主教信徒大批前往朝圣的场所。

(Cihuacóatl-Tonantzin)信仰作为交换。在谈及这位神灵时,贝尔纳迪诺·德·萨阿贡犯下了一个重要且有趣的错误:

> 他们说,每天晚上她都会在风中呼喊与号叫;这位女神被称为西瓦科亚特尔,意为"蛇女";他们还叫她多南琴,意为"我们的母亲"。从这两件事可以看出,这位女神就是众生之母夏娃,她曾被蛇所引诱,而且他们知道众生之母夏娃与蛇之间的往事。[4]

认为墨西卡人的西瓦科亚特尔崇拜起源于基督教的说法是荒谬的,但其相似的象征意义却引起了萨阿贡……和印第安人的注意。但印第安人在西瓦科亚特尔和新夏娃(圣母玛利亚)之间建立的融合"事项"并不符合方济各修士们的口味:萨阿贡指出,在特佩亚克山上——

> 他们有一座供奉众神之母(即被叫作多南琴的女神)的神庙,意思是"我们的母亲";他们在那里为这位女神举行了许多祭祀活动,许多人从远方前来拜谒……如今瓜达卢佩圣母教堂建在那里,他们也称之为多南琴:这是借用了传教士的称呼方式,将"我们上帝的母亲"也唤作"多南琴"。

萨阿贡继续解释道,传教士们的翻译其实是错误的(圣母在当地语言中并非"多南琴"而是"迪奥斯南琴"[Dios-nantzin,即"神之母"])。显而易见,印第安人并非崇拜圣母,而是崇拜自己古老的女神,这一事实令他感到愤怒:

> 似乎这个魔鬼般的发明,是为了利用多南琴这个错误

的名字降低土著人的偶像崇拜。而他们现在从很远地方来参拜这个"多南琴",和旧日里一样遥远,这种虔诚也颇为可疑:因为圣母堂数量颇多、随处可见,但他们不去那些地方,而是像从前一样从远处前来向这个"多南琴"祈愿。[5]

萨阿贡清楚地意识到在特佩亚克山上发生了一场"真正的强奸",一个真正的"魔鬼发明":上帝之母成为了母神,圣母在印第安人偶像崇拜的怀中失去了贞洁。一些西班牙人对这位献身于土著人的圣母持否定态度,这毫不奇怪;同样,一些印第安人可能也不喜欢看到他们的女人们,例如马琳切,投入征服者的怀抱……

这些女性的原始形象能够渗透到另一个世界,或被另一个世界所渗透——统治者与被统治者、处女与娼妇、女王与奴隶——随着时间的推移,它们将成为最终形成现代墨西哥女性核心形象的原材料。实际上,所有对墨西哥本质和墨西哥民族文化的思考,都参考了最初由贝尔纳尔·迪亚斯·德尔·卡斯蒂略和贝尔纳迪诺·德·萨阿贡讲述的这两个事件;1519年的塔巴斯科事件和1531年的特佩亚克事件,在其后几个世纪间转变为两个强大的象征核心,汇集于对墨西哥女性形象的定义中:这些核心已被视同为播撒在祖国最初子宫里的种子,结出了墨西哥民族性的果实。

新西班牙早期的方济各会士意识到了其宗教在推广圣母崇拜时所面临的风险:他们深知在大众的想象中,圣母在神的愤怒中为卑微罪人求情的温柔和安慰,很容易会使人联系到那些世俗性古代女神明显相反的价值观:阿芙洛狄忒的风流、库柏勒的奔放或阿尔忒弥斯的残忍。基督教的历史表明,混淆异教女神和圣母玛利亚的风险是真实存在的,让我们来看看这段历史。

早期基督徒并不崇拜玛利亚:相反,他们反感地认为这种崇拜可能会和对异教母神玛格那玛特[1]各种形式的崇拜混为一谈。即使是玛利亚的"童贞"观念本身,在古代的母亲—处女崇拜中也不乏对应和先例。在《雅各福音书》(*Protoevangelio de Santiago*)中,对童女怀孕生子的神迹进行了非常真实且颇具异教色彩的描述:

> ……在玛利亚产子之后,照料她的接生婆遇到了一位叫莎乐美的朋友,并对她说:"听着莎乐美,我要告诉你一个新景象:一个童女产子了,这在她本性上是不可能发生的事。"莎乐美回答道:"我指着永生的主上帝起誓,除非我把手指放进阴道去,测试她的情况,否则我不愿相信童女能产子"……然后莎乐美检查了处女,证实了接生婆告诉她的关于玛利亚永恒贞洁的说法,孩子的出生并没有破坏她的童贞。[2]⁶

这个来自《雅各福音书》的观点可能符合大众传统,但神学家们对此不置可否。特土良(Tertullianus)说玛利亚"之于男人是童女,之于孕产则不是";并承认其在诞下基督之后过着夫妻生活,且怀上了长子耶稣的弟妹们,这些行为都是有罪的。希尔维狄乌斯(Helvidius)将玛利亚作为夫妻之爱和母性的典范

---

[1] 即前文提到的弗里吉亚神话大地母神库柏勒,在罗马被改称为玛格那玛特。
[2] 译文有参考黄根春编本《雅各原始福音》。

(在基督降生之后)。圣奥古斯丁(San Agustín)与其他拉丁神父一样,倾向于避免使用"神之母"的称谓,因为这明显会引起异教徒的共鸣。也避免使用希腊语的"Theotokos"和拉丁语的"Dei genitrix"[1]等说法,以免和库柏勒信仰混淆7,就像"多南琴—瓜达卢佩"造成与"西瓦科亚特尔"相混一样。圣奥古斯丁认为圣母玛利亚是在罪中被孕育的,因此支持自己的原罪普遍性理论。与此相反,伯拉纠(Pelagius)则捍卫了人可以通过自由意志在无罪情况下生活的观点;而证明上述论点的恰恰是玛利亚。一位伯拉纠主义者、埃克拉努姆的朱利安(Julián de Eclana)指责圣奥古斯丁:"因为玛利亚的出生方式,你就把她交给了魔鬼。"魔鬼(或者更确切地说,魔女),一直困扰着圣母玛利亚;显然玛利亚童女产子的传说一直在激起人们有关繁殖与情色的多种想法,而这些见解大多时候是被掩藏和压抑着的。

即使在著名的431年以弗所大公会议(Concilio de Éfeso)上也能明显看出对处女—母亲崇拜的复杂态度,它将贞洁与异教的情色特征相结合,最终确定了玛利亚"上帝之母"的称号。那些强调耶稣的人性特征(因此也是玛利亚的人性特征)、不承认一位普通犹太女孩是神之母的神学家们被击败、逐出教会,之后又遭到迫害。关于玛利亚的大争论由伟大的新柏拉图主义神学家普罗克洛(Proclus)于428年在君士坦丁堡的一次布道中提出,他的思想已经预示着经院哲学的出现;他得到了亚历山大的西里尔(Cirilo de Alejandría)的热情支持,后者自作主张地操纵了以弗所大公会议,将自己的观点强加于人,在持反对意见的东方各主教到来之前通过了玛利亚作为"上帝之母"的

---

[1] 两者均意为"神之母、诞神者",亦常被译为"上帝之母"。

定义。

199　　大公会议期间,以弗所的人们翘首以盼。当宣布玛利亚被接受为上帝之母时,守候在教堂附近的人群欢呼雀跃,高呼:"赞美归于圣母!"人们称赞西里尔和凯旋的主教们将玛利亚奉为上帝之母;四百年前,同样是以弗所人愤怒地起身反对圣保罗,在先知表示人造的诸神并不真实时,高喊:"以弗所的阿尔忒弥斯是伟大的!"[8] 玛利亚和阿尔忒弥斯间的联系是无法掩盖的:这位伟大的希腊女神起源于克里特岛,被认为是永恒的完美处女,掌管繁育且促进男性生殖能力。阿尔忒弥斯是一位残忍、不宽容和报复心重的女神;她是森林的女神,一位处女猎手(像罗马神话中的狄安娜),与爱神阿芙洛狄忒相对立。这种对立在欧里庇得斯(Eurípides)的《希波吕托斯》(Hipólito)中有所表现,爱神抱怨希波吕托斯嘲笑她,"他讨厌婚床,不愿结婚,崇拜阿波罗的妹妹、宙斯的女儿阿尔忒弥斯,认为她是最强大的女神。他总是与他那处女神相伴,生活在苍翠的森林中,驱使灵巧的猎狗追捕野兽"。[9] 相较于阿卡狄亚的版本,以弗所的阿尔忒弥斯没有那么强硬,人们相信她能够改变自然界的一切。她被描述成一个长有多个乳房的女人。

200　　当基督徒的生活遭受迫害时,殉道的神话就会受到极大关注;但随着君士坦丁大帝和李锡尼等统治者采取的官方怀柔态度,从公元4世纪起殉道不再是基督徒生活的中心,取而代之的是禁欲主义。后者从希腊汲取营养,使得贞操成为了一种特殊的基督教身份,具有特殊的方式与规则。[10] 将自身观点强加于以弗所大公会议的西里尔,与一段颇具征兆性的历史联系在了一起。这段历史揭示了,对贞操的禁欲主义崇拜构成了中世纪野蛮行径的一部分,正是后者摧毁了古代科学与文明的基础。

作为亚历山大大主教的西里尔非常鄙视最后一位能够在大图书馆工作的科学家,不仅因为她是高雅文化的象征,也因为她与罗马总督交谊匪浅。这位科学家是一位女性:希帕蒂娅(Hypatia),一位杰出的数学家、天文学家和哲学家;她容貌姣好,拒绝婚姻,全身心投入研究工作并且取得了斐然的成绩。如果考虑到其时的社会给予女性的极少自由,她的成就就更加卓越了。但她对于那个充斥衰败与危机的时代而言,实在太过耀眼:公元415年,一群西里尔的狂热教民在上班路上围住了她。他们把她拽下了马车,扯掉她的衣服,用磨得锋利的贝壳剥她的皮,把她的肉从骨头上剃下来。她的作品被毁掉、被遗忘;她的尸体被烧焦。伟大的亚历山大图书馆曾经留存和孕育了古代最优秀的思想,它的毁灭也正是由此开始。[11]

对圣母玛利亚的崇拜史,无疑反映了各个时代对女性形成的不同观念:从某种意义上讲,它也是一部西方女性刻板印象的变迁史。这里不适合赘述女性刻板印象的编年史;只需要将早期基督教观念中的玛利亚(是一位年轻的、有多位子女的犹太已婚母亲)与12世纪流行的歇斯底里的玛利亚形象进行对比就已足够。后者在看到儿子背负十字架时,以号啕大哭、不省人事、撕扯头发和抓挠脸颊来表达自己的痛苦;她在十字架脚下扯烂了衣服,在儿子死后流下了血泪。这是一位虔诚的、充满尊严的痛苦母亲的形象,与文艺复兴时期的画家们描绘的圣母形象相差甚远。他们笔下的圣母,是"她那个时代的美丽女人,非常世俗且充满肉欲",正统派历史研究勉强地承认了这一点。[12]

圣母的形象表达了每个时代形成的关于女性的观念。因此,瓜达卢佩圣母崇拜的历史反映了墨西哥文化对女性观念的演变也就不足为奇；这段历史尚待书写，但我们可能从一开始就注意到，瓜达卢佩的处女形象总是被她的孪生姐妹——西瓦科亚特尔——围绕和纠缠。正如夏娃投下的长长罪恶阴影从没放开玛利亚一样，古老的多南琴也须臾未曾和瓜达卢佩分离。古老的众神之母和人类之母，带着原始的色欲，被基督教视为身负恶业且散播罪孽的妖魔。她们从未停止过对墨西哥女性的纠缠，对瓜达卢佩圣母本人亦是如此。因此，征服者们为这位被科尔特斯视为情人、顾问和翻译的印第安女性施洗，并用上帝之母的名字——玛利亚——为她命名，这种行为极具象征意义。[13] 她在传说中的名字叫作唐娜·玛丽娜，而其名字的印第安变体叫作——马琳切。基督教传统中与此颇为相似，也存在着两个玛利亚，即圣母玛利亚和抹大拉的玛利亚[1]。玛丽娜·华纳（Marina Warner）准确地指出，圣母与抹大拉是一幅双联画，表达了基督教对于女性的父权观念："在基督教社会的概念架构中，没有一位既不是处女、也不是妓女的单身女性的容身之所。"[14]

值得注意的是，这种极端二元论的观点也转移到了男性领域：玛利亚的指小词"马利卡"恰被用于轻贱同性恋者。因此，在墨西哥的神话里，不够"爷们"或者是"娘炮"的男人也没有立足之地。众所周知，同样的神话在精神分析论证的支持下，表现出了男子气概与"娘娘腔"产生于同一种刻板印象：有一个

---

[1] 根据《福音书》，抹大拉的玛利亚是耶稣重要的追随者之一，第一个见证耶稣复活的人。在591年时，教宗格利高里在布道中误将抹大拉的玛利亚同伯大尼的玛利亚等"有罪的女人"相提并论。由于《旧约》中有提到抹大拉城是因为通奸而被上帝审判毁灭的城市，因此抹大拉的玛利亚在西方教会中被赋予了妓女的形象，并相应编撰了一系列故事传说。1969年，教宗保禄六世正式撤销了这一说法，但这一观点在流行文化中仍广泛存在。

广为流传的故事,讲述一个墨西哥人为了持续保持男子气概,不从同性恋关系中获得任何快感,定期让一个同性恋对其进行鸡奸。同性恋的形式多样且广泛存在,与"娘炮"的刻板印象有着相同的联系,如同无产者和佩拉多之间的联系一样:这是一种神话性关系,有助于界定和捍卫墨西哥人的"合理"与"正常"形式。

在墨西哥传说中,马琳切是一位异教的大娼妇:她是埃尔南·科尔特斯的姘头,已经成为女性背叛的象征。马琳切是帕伊纳拉(Painala)地区的酋长之女;她的父亲在她幼年时去世,母亲嫁给了另一位酋长,并生下了一个儿子。女性背叛的故事由此开始:马琳切的母亲为了摆脱她并确保小儿子能够继承酋长之位,把她送给了几个希卡兰戈(Xicalango)印第安人,继而宣布了她的死亡;之后希卡兰戈人又把她送给了塔巴斯科人,后者再将其转送给科尔特斯。如诗人拉法埃尔·洛佩斯(Rafael López)所言,刚刚豆蔻年华的马琳切就这样成为"征服者巧克力杯中脆弱而芬芳的肉桂棒"。[15]

在巧克力的浸润之下,马丁·科尔特斯诞生了,他是第一批梅斯蒂索人中最具象征意义的一位。虽然他被认为是"第一位具有墨西哥性的人物",但矛盾的是1569年他去了西班牙,在与摩尔人的战争中为奥地利的唐·胡安(Don Juan de Austria)效命,不久后死在了格拉纳达。[16]科尔特斯与马琳切的恋情只持续了四五年;再之后,征服者开始厌烦他的印第安情人,把她嫁给了自己最为尊敬的船长之一、同时也是墨西哥市长的胡安·哈拉米约(Juan Jaramillo)。哈拉米约或许不那么喜欢这段婚姻,洛佩斯·戈马拉(López Gómara)挪揄道,他与马琳切的婚礼是在醉酒的状况下进行的。不过,迎娶埃尔南·科尔特斯的情妇对他是有利的,因为唐娜·玛丽娜有钱有势且年轻貌美。堂·胡安和马琳切生下了一个女孩(被叫作玛利亚!),她的父亲显然对她并不好。马琳切不久后就去世了(可能是三到六年后),而鳏夫则在葬礼几天后再婚,这次是和一位西班牙女性。

唐娜·玛丽娜无疑是一位非凡的女性。如果没有她的智慧和建议,征服墨西哥的途径可能完全不同,并不会呈现出埃尔南·科尔特斯围攻下特诺奇蒂特兰的迅速陷落。但这里值得强调的是马琳切的黑色传说[1]如何形成,这与**民族**观念的确立直接相关。马琳切支持西班牙人的行为,是为了反抗特诺奇卡人的专制统治,但为了引入马琳切**背叛祖国**的说法,这一事实逐渐变得模糊;"祖国"的观念与现实不适用于原住民群体,这一点则不值一提。19世纪的墨西哥民族主义(尽管有一些细微差别,但和今天的民族主义一样)需要创造一个原始的祖国;这个最初的国家必须有其英雄和叛徒。马琳切被分派承担起了不忠不义的重责。何塞·马利亚·马罗基(José María Marroqui)在他关于"哭泣的女人"(La Llorona)传说的短篇小说中,以浪漫的可怕主义[2]手法描述了"马琳切的诅咒":征服者的情人在悔恨中死去,因为她曾经是"祖国的叛徒";也正是因此,她无法在墓中得到安宁。如此,马琳切的灵魂注定要无休止地游荡;马罗基讲述道,马琳切去世时,一位天使出现在她的面前,宣示她将受到三个世纪的折磨:白天,特斯科科湖的湖水

---

[1] 在西班牙语语境中,黑色传说可理解为"对主人公不利的且没有可靠来源的故事",早期多具有反西班牙和反天主教倾向。

[2] 可怕主义(tremendismo)是20世纪40年代的西班牙文学流派,其特点是夸大生活的原始层面,多包含社会边缘人物与暴力场景,由小说发展至诗歌,其代表作家如1989年诺贝尔文学奖得主卡米洛·何塞·塞拉(Camilo José Cela)。需要注意的是,马罗基是更早期的墨西哥作家,相关著作成书于19世纪。

将是她的坟墓；晚上她则会被赶出那个坟墓，在被征服的城市中哀号着游荡。[17]

在"哭泣的女人"的传说中，很容易辨认出古老的西瓦科亚特尔崇拜的痕迹。西瓦科亚特尔是特佩亚克圣殿的女蛇神，瓜达卢佩圣母的前任。用萨阿贡的话说，她"晚上会在风中呼喊与号叫"。[18]马琳切生前被许多印第安人像对女神一样地崇拜，也深受征服者的尊敬，然而，她最终成为耻辱的象征；对于这样一位杰出的女性而言，命运是多么不公啊！

顺便提一下，这种命运是由19世纪的自由主义推动的，它需要创造一种与天主教崇拜相似的世俗模式。这种需要，让我们能够理解伊格纳西奥·拉米雷斯（Ignacio Ramírez）在墨西哥城阿拉梅达中央公园（Alameda de la Ciudad de México）发表的激烈演讲中的评价，并发出会心的一笑：

> 这是宿命的奥秘之一，所有民族都把他们的失败和耻辱归咎于一个女人，又把他们的救赎和荣耀归于另一个女人；夏娃和玛利亚的神话在各处重现；我们义愤填膺地记着科尔特斯的姘妇，且永远不会忘记对唐娜·玛利亚·何塞菲娜·奥尔蒂斯（Doña María Josefa Ortiz）[1]的感激之情：她是另一个时代完美无瑕的马琳切，敢于发出独立宣言，将爱国主义付诸实践。[19]

---

[1] 玛利亚·何塞菲娜·奥尔蒂斯（1768—1829），墨西哥独立战争时期的杰出女性。她以召集文学社团为幌子掩盖家中进行的起义计划交流。由于叛徒出卖，她被西班牙殖民当局逮捕。她设法通告其他革命参与者情况，使得伊达尔戈神父提前召集被称为"多洛雷斯呼声"的演说，掀开了墨西哥独立战争的序幕。她也是墨西哥第一位头像被印上邮票的女性，并出现在多版墨西哥货币中。

在这些观念中,回荡着圣金口若望(Ioannes Chrysostom)在十五个世纪前写下的古老话语:"一个处女将我们逐出了天堂,而通过另一个处女,我们找到了永生。"在墨西哥文化中,有罪的和有德的两个"夏娃"的观念由来已久;自17世纪以来,这种观念就是构建不同于西班牙的墨西哥社会的辩证前提之一;新西班牙将会成为新乐园,一个新的夏娃将在那里无罪地孕育克里奥尔民族。因此,这个女人从一开始就是克里奥尔人:这也许是为了洗刷她印第安前任的罪孽。这样,米盖尔·桑切斯(Miguel Sánchez)学士在1648年感叹道:"是你,墨西哥,我的祖国,一个非凡的女人。"[20] 他指的当然是瓜达卢佩圣母,一位神圣的克里奥尔人,他将其与《启示录》中被大龙追逐的妇人相比。这位学士是克里奥尔瓜达卢佩崇拜的真正发明人。他曾经收到了他的朋友、特佩亚克教堂代牧路易斯·拉索·德拉维加(Luis Lasso de la Vega)的一封信,在表达对圣母狂热的爱时,也坦陈了其中隐藏的性欲:"我和我所有的前辈们都是在墨西哥瓜达卢佩乐园里沉睡的亚当,占有着这位第二夏娃。"在同一封信的后续中,他重申了自己在新乐园里忠实情人的角色,而在那里已经出现了新的墨西哥夏娃:"但现在,我可能成为了亚当,为了见到她而苏醒……"[21] 弗朗西斯科·德拉马萨(Francisco de la Maza)以对瓜达卢佩圣母的虔诚写下了一篇精彩的文章,探究这一切是否只是两位巴洛克学者的神学谵妄;他的答案是否定的:相反,"在这些神学思想的对话中隐藏着一种精妙的直觉,它开启了对共同、独立和激进利益的希望。而这,恰恰被我们叫作民族主义"。[22] 事实上,米盖尔·桑切斯学士提出,他在瓜达卢佩圣母身上看到的那个启示录式的女人"身披雄鹰的翅膀与羽毛振翅欲飞:也就是将墨西哥之鹰所有的翎羽和智慧都塑造成翅膀,以帮助这位伟大、神圣的克里奥尔女人飞翔……"在桑切斯著作的插画中,圣母栖息在仙人掌上,身后是两只翅膀和她相似的鹰:这明显是借用了墨西哥国徽(但其中没包含国徽里的蛇:难道是它已经被瓜达卢佩战胜了?)[23][1]

因此,贝尔纳迪诺·德·萨阿贡和早期方济各会修士的担忧得到了证实:早在 17 世纪,圣母玛利亚就化身成了墨西哥的新夏娃,将唤起人们纷杂而炽烈的爱。但克里奥尔夏娃不足以引导大众的崇拜。需要一位印第安夏娃来驱除旧日的罪恶,安抚日益增长的伤痛。早在 1762 年,圣母就被描述为印第安人,而不是克里奥尔人。而正是一位方济各会士胡安·德·门多萨(Juan de Mendoza)曾断言:

> 这瓜达卢佩的圣像是按照这片土地上异教原住民的样子塑造的;她的面容呈现出与异教徒相似的暗沉肤色,这一点也体现在了她的衣着中,她身着的是异教徒形制的服装。这样,当异教徒们看到她外形与自己相似,又穿着他们的服饰,就会爱上她且皈依她。[24]

真实印第安人(向征服者们献身的马琳切们)的背叛,在某种意义上被理想中印第安人的眼泪冲淡了:圣母与"哭泣的女人"的神话相混淆,至今依然通过歌词萦绕在我们耳中:

---

[1] 米盖尔·桑切斯(1594—1674),新西班牙作家、神学家。其对瓜达卢佩圣母崇拜的发展定型起到了关键作用。其代表作《圣母的幻影》中自上而下分别融合了教宗的三重冕和交叉钥匙,哈布斯堡家族的双头鹰以及墨西哥的土著和仙人掌,意为天主教的信仰、哈布斯堡的统治和美洲的土地的统一。图中的鹰并非如作者认为是取材于纳瓦特尔传说中的鹰蛇搏击(即后来墨西哥国旗、国徽选取的意涵),因此图中并无蛇。

那天你走出教堂,哭泣的女人,
擦肩而过时我邂逅了你。
你身着美丽的绣衣,哭泣的女人。
宛若圣母,入我心里。

在我们被倾覆的伊甸园(已经住了一个跪伏的亚当),还需要一个墨西哥夏娃。创造夏娃的原材料从16世纪以来就已经存在;但直到独立后才开始了一种文化催化,墨西哥女性的复杂神话由此被编纂成文:她既温柔又暴虐,既是保护者又是荡妇,既甜美又奸诈,既是母性的处女又是娼妓大巴比伦。这是印第安人被奴役的、恭顺的过往,但不知道在其内里存在着怎样邪荡的偶像崇拜。瓜达卢佩和马琳切就像是同一个形象的两种侧面:这是民族文化中塑造的墨西哥男人应当拥有的女性;因此,她是为了墨西哥男性创造的,使其被逐出天堂时能有个伴侣。这种奇特现代版本的女性二元性,使用了深受精神分析理论影响的术语阐述其构造。对瓜达卢佩圣母的崇拜被描述为男性深深的罪恶感,恳求被自己背叛和抛弃的女性象征性的宽恕;对圣母的爱与对母亲的崇拜相似,已经被制度化,但只有在某些特定的情况和特殊的场合下才得以行使。但是墨西哥男人知道,他的母亲、情人、妻子都被男性征服者强奸了,他怀疑自己享受甚至渴望这种奸污。因为这种原因,他对自己的妻子施行了一种报复性的统治,并要求她完全的自我牺牲。于是,一种典型的施虐—受虐关系出现了。在这种关系里,女性必须表现出处女的温柔与自我弃绝,以弥补她的深重罪孽:在她的内心深处居住着满是淫欲的马琳切,她是古代女性背叛的继承者。在墨西哥的歌曲中不难寻得这种二元性的痕迹:对挚爱女人的完全崇拜,和对她的背叛所引起的深深怨恨交织在一起,是一种反复出现的主题。[25]

在一部出版于20世纪中叶、但故事情节发生在波菲里奥·迪亚斯执政时期的小说中,我所描述的"被发明的墨西哥女人"得到了清楚的展示:

> (土著女人)为了让自己心安,无论她多么愿意沉沦,都必须通过被征服的方式实现。如果你问,她会说"不"。她会屈服于蛮力,即使这种蛮力不大或不甚野蛮。但她不会说"是"。同意?绝不。至少,在前几次不会。像西班牙乡下女人那样明示或暗示同意,对她而言是下流的。[26]

可以看出,这是将印第安女性和征服者、马琳切和科尔特斯之间发生的故事移植到了现代。然而两者是有区别的:马琳切说了"是",而现代女性必须表现得像处女:只要她不说"是",她的良心就依然保持纯洁。但对创造了这种女性的男性来说,他知道如何对待她:

> ……你必须把印第安女人放倒,才能占有她。如果她喜欢侵犯者,并不要费很大力气……还有,你得盖住她的脸……这样就万事俱备了。事后只需要让她羞愧地跑走,不需要付给她任何东西,因为你不会付钱给你抢劫的对象。[27]

被强暴的印第安母亲形象,引起了对男性的怨念,让墨西哥人憎恨性情残忍、抛弃妻子的先辈:"由于梅斯蒂索人没有一个现存且可知的父亲,母亲与孩子的联结以一种病态的方式得到了加强";研究还指出,自殖民征服以来,墨西哥人一直是"没有父亲的民族":"墨西哥人的命运就是在没有父亲的情况下长大。从历史视角来看,作为殖民征服的后果,母亲几乎是唯一出现在孩子记忆范围中的人。"[28] 这种轻率的概括,在墨西哥民族文化中屡见不鲜。另一位作家证实了这种通过母系产生的神话式亲子关系:"墨西哥文化中没有父亲,像圣子耶稣一般,是一位纯洁处女的儿子;或者像许多墨西哥人一样,是通过一位幽灵父亲诞下的孤儿。"[29] 墨西哥母亲只有在5月10日和12月12日这两个节日才是纯洁无瑕的。除此之外,在一年中的其他时间里她都会受到严重怀疑,她必须表现出最大程度的恭顺和端庄才能将之消弭。但也正是在热烈的节日气氛中,才会呈现出揭示我们出身的呐喊:"墨西哥万岁!婊子养的们!"[30] 转眼间,我们就从最纯洁的母亲过渡到了被强奸的女性。这种令人心惊的反转,显示出这两种极端的表达方式都是同一个原型的组成部分。

墨西哥女性的这种原型,是"马琳切—瓜达卢佩"的二元综合体。她是被强奸的瓜达卢佩,是墨西哥男性必须将其伴侣塑造成的理想形象。她得要肆无忌惮地享受通奸,同时又是贞洁和抚慰人心的。[31] 从这个意义上说,所有的墨西哥人都是胡安·迭戈(Juan Diego),在内心深处的特佩亚克山上投影出自己女人的形象,就像瓜达卢佩神话中的印第安人所做的一样。(而似乎是为了激发我们的神话想象力)他的妻子恰恰也叫作玛利亚(根据贝塞拉·坦科[Luis Becerra Tanco]三个世纪前精准的神学研究所知)。

为了换取人们的敬仰,被崇拜的圣母蜷缩在印第安人的毯子里,在上面印上了她的形象;深色皮肤的女人们以同样的方式被墨西哥男人的床榻所接纳,并在床单上留下了她们痛苦的印记；就像是那首流行歌曲唱的：

> 我喜欢深色皮肤的女人
> 就从我知道
> 瓜达卢佩圣母
> 是深色皮肤开始

这种原型的压倒性存在，很可能抑制了墨西哥文学中复杂而真实的女性角色塑造：据说在墨西哥，女性文学形象是作为**神话**和**给定人设**而存在的。[32] 这些预先设计好的模式取自从马琳切到瓜达卢佩的轴线：一端是无男不欢、欲火焚身的女人（在电影中，玛丽亚·费力克斯[María Félix]诠释过此类角色）；在另一端则是纯洁无瑕的未婚妻和善解人意的母亲。一方面是狂风暴雨般的浪漫激情；而与之相对的，则是基督教和偶像崇拜式的爱情。洛佩斯·维拉尔德在其献给富恩桑塔（Fuensanta）的著名诗篇中渴求的就是后一种形式的爱情；但诗人自己也求诸最初的夏娃：

> 我的爱就这样环绕着你，当你感到赤裸时，不必祈求生命的树叶，而可以弯曲你的手臂，跨越千年直到我的心。我向你恳求，请你从被驱逐的风雨中向我走来，用你肉体的原型为我眸中的纯真增添光彩。[33]

女性原型的辩证法就是这么运行的：当男人天真无邪时，女人用肉体诱惑他；但当男人腾起欲望时，女性则必须是解语温柔的。当男人被罪恶的狂热吞噬时，处女会出现以使他平静；当冰冷的忧郁让他迷茫时，火热的女人则必须要将其唤醒。

这就是墨西哥天堂的情欲逻辑。因此墨西哥的亚当不想要自己创造的女人,也没有能力创造自己想要的女人。当女人们善解人意、纯洁无瑕时,他会去强奸她们;而当她们变得淫荡时,他就会害怕地逃走,躲在圣母的裙摆里。他需要永远心怀愧疚,因为他和帕斯卡一样认为:"生来有罪是必要的,否则上帝就不公正了。"[34]

结语·放逐

　　显然,政治权力不能仅仅被理解为(由被统治者和统治者之间对抗而产生的)冰冷意识形态理性的体现。归根结底,政治思想与纲领并非现代资本主义国家的主要支柱。相对于政治体制本身的基本功能,政治意识形态的边缘化现象已开始被人们察觉,并得到了不同的解释。人们已经注意到了大众传媒在一个国家政治形象发展中的巨大力量;强调了大众社会复杂的心理机制;讨论了技术专家体制与大型垄断企业的非政治化力量;突出了民族与种族分裂的重要性;观察到了基于性风俗、生活方式或宗教信仰发展出的新兴亚文化日益增长的影响力;并对后现代时期"意识形态的终结"进行了理论阐述。在我看来,解释现代国家合法性的一个基本要素,就根植于我此前提到过的政治权力的虚构网络。神话与民族文化构成了这些想象网络最为重要的层面之一。另一方面,当代墨西哥为政治权力虚构网络研究提供了一个特别有价值的情境:尽管1910年的革命让墨西哥陷入了巨大的意识形态真空,但其国家依然实现了扩张。虽然可以模糊而笼统地认为革命后诸政府的意识形态是墨西哥自由主义的延续,但其显然不是围绕着一个构成现代国家的连贯计划或发展模式存在的。一言以蔽之:将墨西哥人团结在国家周围的主要不是宪法,也不仅仅是革命民族主义的余韵。后者麻痹了人民,使他们感受不到专制统治的庞大政治机构日益增长所带来的痛苦。

在缺乏主干意识形态的情况下,考虑到发展项目或模式的极端不稳定性(它们通常不过是资本主义积累过程的事后论证),政治体制的合法性获得了更为突出的文化内涵:必须在其国民的特殊性与其政府采取的形式间建立一种必然的对应关系。因此,民族性格的定义不是一个单纯的描述性心理学问题:它是首要的政治需求,有助于为民族团结奠定基础,而墨西哥国家的整体主权必须与之相对应。

215　　除了1910年革命所产生的意识形态局限性之外,还必须加上墨西哥现代史中出现的神话英雄的平庸:像之前提到过的[1],围绕弗朗西斯科·马德罗(Francisco Madero)、贝努斯蒂亚诺·卡兰萨(Venustiano Carranza)、阿尔瓦罗·奥夫雷贡(Álvaro Obregón)和普卢塔科·埃利亚斯·卡列斯(Plutarco Elías Calles)等人物编织的神话非常平庸;而如埃米利亚诺·萨帕塔的神话潜力没有被国家利用,因为他是规训革命政府创始人坚定的敌人。然而,墨西哥革命引发了神话的爆发,其中最重要的恰恰是墨西哥革命本身的神话。与其他国家不同,墨西哥的革命神话并没有建立在英雄与暴君的传记之上,而是建立在群众与国家、**墨西哥**的人民与**革命**的政府融合的理念之上。[2] 革命神话是一个巨大的统一空间,内里充满了相互碰撞、看似矛盾的符号;但最终被民族文化的统一性所联结。墨西哥人的存在,被囚禁和束缚在了民族团结的空间里,成为一撮只有在统治体系内才有意义的心理文化特征。民族文化与政治权力相一致,以至于任何想要打破专制规则的人,都会被立即指控为意图放弃(或者更严重:背叛)民族文化。

面对这种情况,许多人希望根据阶级地位与美国和欧洲的文化影响来划定利益的领域和界线,也就不足为奇了。从这个角度看,将会出现一种不同于人民的民族文化的霸权文化(这种文化会由资产阶级与外国的价值观主导),尽管两种文化呈现出紧密交织。大众文化与人民文化有时会被区别开来,前者被归类为外来文化渗透,大众传媒产生的同质化,以及新工业与城市化野蛮扩张带来的有害影响;面对这种文化的大众化,应当拯救"真正的"、深深根植于人民灵魂中的民族文化:它的根深埋在一个尚未被电视、广播和电影的淤泥玷污的、想象中的人民灵魂之中。[3] 我不想陷入争论,但我认为有必要指出,不可能找到**两种**民族文化,即一种占据主流,另一种代表人民。因为就**民族性**而言,一种文化必然既是**主流的**,又是**人民的**。只有将文化的表现形式意识形态化,才能根据社会阶层的界限(主流文化对人民文化)对民族文化进行剖析。[4] 当然,这并不意味着主流文化和霸权文化的所有方面都具有民族特性;同样,许多文化的通俗表达方式也不包含民族维度。霸权阶级中的重要阶层热衷于精英主义文化价值观,并以此为基础进行日常统治(例如各种时尚、语言的转向、表达风格等)。另一方面,外来的或公开"外国化"的文化表现形式(音乐、文学、语言等)获得了极大的流行度。显然,在这两种情况下,如果不尽快将极端精英化和外来化的文化价值观清除,它们就可以(且常常就会)成为民族文化的一部分。当文化价值观呈现出高度同质化,让不同社会阶层的人都可以理解时,这种情况就会发生。也就是说,当它们获得了能够被**识别**的形式时,频繁的操纵终使其自身被深深打上了墨西哥使用者的烙印。[5] 这些文化价值观的一致性表明,它们已经获得了**一种意义**,即在主体与参照事物结构中的意义,正是这种结构统一了后革命时期墨西哥的大部分文化空间。

我们可以为墨西哥提出一个类似安东尼奥·葛兰西(Antonio Gramsci)关心的问题:是否存在一种民族-人民的文学?根据葛兰西的说法,在意大利是不存在的:

>"作家"和"人民"的世界观没有同一性。换言之,作家并不以人民的感情作为自己本身的感情而生活,并且不起"民族的-教育的"作用,即使在人民的感情受到作家的体验并成为作家自己的感情以后,他们并没提出,也不想提出发展人民感情的问题。[1][6]

我们还可以从更广义上理解葛兰西提出的问题,它不仅适用于文学和作家群体,也适用于所有的文化表现形式。在墨西哥,我所描述的忧郁和蜕变的痛苦,正是知识界重新体验人民的情感并赋予其形式的特殊路径。这种实现过程激活了一种调解架构,成为精英和人民间一座想象的桥梁。但显然这种实现结果并不是人民情感的准确反映:它是一种合并或统一。而这种合并或统一又必须被广泛民众接受,成为知识分子"复苏"与"挪用"人民情感而提炼出的民族形态。

我的印象是,尽管存在一个有关"墨西哥性"的参照和调节的隐喻系统,但当代墨西哥文学的人民-民族性却依然岌岌可危。相比之下,我感觉电影、广播、漫画、照片和电视则更多地利用了民族文化定义墨西哥主体的可能性;一个可怕的悖论是,尽管它们同时是所谓"文化帝国主义"的催化剂,可在大多数情况下其使命却是公开地外国化:总而言之,马琳切主义是一则深刻的墨西哥神话。但在这里我想强调的是,正如葛兰西

---

[1] 译文参考葆煦译本。

所指出,若想在文学中或艺术中营造民族-人民的空间,人民的情感(或归属于人民的情感),必须得到知识界的重新体验和移用。正是这种阐述创造了我在此前几页中讨论的关于"墨西哥性"的元话语。这种元话语的结构没有任何墨西哥特色:它是对与资本主义发展和民族国家巩固密切相关的准则的改编。换言之,这就是我们所说的现代西方。

在继续之前,我认为有必要在这里暂停一下,解释一下这种调解架构的特殊性与其在西方历史悠久的文化规范间的联系。整个政治调解架构所要解决的主要问题,是将社会对立转移到阶级斗争可以被驯化的空间里,以保证制度的连续性。将墨西哥人定义为历史和政治主体(也就是墨西哥特有的统治主体)的意象成功地将构成现代国家基础的两大大众社会阶级——农民与工人,转移到了民族文化的领域。我认为,这两大社会群体的形象不仅改头换面成了对立者,还被淹没和淡化在了滋养民族灵魂的两种精神实质中:忧郁和蜕变。这是墨西哥民族文化与西方文化之间密切联系的关键点。

在现代文学形式中,也许是维克多·雨果(Víctor Hugo)最为有力地推广了忧郁和蜕变的二元模式。根据雨果1827年著名的《克伦威尔》(Cromwell)序言,基督教"给各国人民的精神里带来了一种新的、古人没有的感情,这感情尤其发育在现代人身上,这感情重于严肃,轻于忧伤,即是忧郁"。[1]7 这个想法最初由夏多布里昂(François-René de Chateaubriand)8 提出,意指面对社会生活与政治生活痛苦的幻灭,人退回到自身以进行反思。根据这一观点,在基督教出现之前,那些重大变化都发

---

[1] 此处及随后译文均参考程曾厚译本。

生在高位;个人身处的位置如此之低,以至于除了家庭不幸外,国家的灾祸几乎不可能对其造成影响;维克多·雨果认为,那些重大事件的发展似乎伴有一种史诗般的庄严。但随着基督教的出现,旧欧洲被摧毁了,各个民族都变得混乱和沮丧:"大地上响声震天,这样的喧闹声不可能没有一点传到各国人民的心中。"于是,现代忧郁症诞生了。

这催生了好奇心和审视精神:大灾难以波澜壮阔的方式摧毁了古代世界,而一旦这个世界死去,"会有成堆成堆的雄辩家、语法学家、诡辩派过来,像苍蝇扑向世界巨大的尸体。我们看着他们迅速地大量繁殖。我们听到他们在这腐烂的烂肉上嗡嗡地乱叫"。在革命的浩劫后,墨西哥哲学家、诗人、人类学家和小说家们,不也曾在浮士德式的忧郁与亢奋混合体的作用下,以同样的方式盘旋在农民和印第安人的尸体周围吗?

雨果继续说道:"巨大的尸体的每一只手,每一条腿,每一块肌肉,每一丝纤维,都不像样子地给翻了过来。当然,对这些解剖思想的专家,能小试牛刀,便取得大量经验,第一个'题目',便是解剖一个死亡的社会,该有多么开心。如是,我们看到同时萌生忧伤和沉思的精灵,以及分析和争辩的恶魔。"

维克多·雨果没有提到蜕变,但在科学恶魔背后窥伺的正是蜕变本身:一切都在改变,一切都在转化,一切都在终结,一切都在消亡。进步的车轮每天都在飞速转动,并且以越来越快的速度把旧人旧事的尸体送上科学家的解剖台。昨日还以其新鲜感吸引着我们的东西,今天却露出死气沉沉的面孔:在这种进步的谵妄中,在死亡敲响人们的大门前,他们几乎没有时间去享受任何东西。托克维尔(Alexis de Tocqueville)在《论美国的民主》(De la démocratie en Amérique)一书中,提到了民主国家的这种新弊病:虽然人们很容易获得相对平等的条件,但却永远无法获得他们渴望的全面平等。他们渴望的平等总是近在眼前,但当他们向其迈进时,平等则会后退:

> 人们时刻觉得它唾手可得,却又总是在最后一刻让它溜走。人们离它近得可以看到它熠熠的光芒,却又远得无法弄到手,于是人们在即将尝到它甜头的时候离开人世。时常萦绕在民主国家富裕居民心头的奇怪忧郁,以及他们在平静安逸生活中所表现出的厌世情绪,都应当归因于此。[1]⁹

托克维尔也没有提及这点,但这正是困扰民主国家的蜕变精神。不仅仅是时间的流逝,最终抵达死亡的时刻;可怕而迷人的是,时间以一种**进步与现代**的方式固执地流动,永远**向前**并让一切蜕变:过去的一切则永远不会重现。在这种肆无忌惮的蜕变面前,呈现出的是忧郁的逃离:这是同一轴线上的两个极点。

蜕变的概念和浮士德式人物概念的结合,就像忧郁症和野蛮人之间的相似一样自然。歌德(Johann Wolfgang von Goethe)的作品也许是最好的例证:他的科学研究(体现在他《植物变形记》[La metamorfosis de las plantas]一书中)和他从浮士德与梅菲斯特的古老传说中再创作的戏剧之间存在一种很强的共性。¹⁰ 以维克多·雨果的口吻,我们可以说,在浮士德式的蜕变

---

[1] 译文参考吴睿译本。

精神(也就是梅菲斯特所代表的永恒否定)召唤下,智者、诗人与哲学家亦如苍蝇一般蜂拥而至。他们准备扮演每天都在诞生的新世界的助产士;但同时,他们也不得不成为许多随时在失效的事物的掘墓人。

在忧郁/蜕变的二元范式发展过程中,我想强调几个事实。首先,它是一种既能在高雅文化中,也能在通俗文化中,既能在小说和诗歌中,也能在电视或广播喜剧及漫画中表达自己的意象:可以从阳春白雪过渡到下里巴人。它是一种想象网络的复合体,能够跨越社会阶层的分野而不失掉其基本属性。这一点也可以用另一种方式来证明:这种二元刻板印象也在不同的、往往是相互矛盾的意识形态外衣下得到表达,如此,它会重新出现在属于不同话语的一系列对立之中——野蛮对文明、乡村对城市、封建主义对资本主义、停滞对进步、野蛮人对浮士德式的人、宗教对科学、爱丽儿对卡列班、社区对社会、不发达对发达。[11] 这就是阶级斗争的万千面相。

另一个基本事实是,这种二元性具有非凡的历史深度。因为它不仅能够跨过意识形态和阶级的边界,也能够穿越几千年的西方文化。在这个意义上(也就是在不同时期生存能力的意义上),忧郁/蜕变才可以被定义为一种原型。

这些事实使我们能够理解,为什么这种意象能够构成一个强大的合法化调解网络。显然,这种二元性是社会矛盾的强大消解剂,是一种具有高度凝合力的统一力量。正因为如此,它在民族文化的形成和现代国家的统一中具有决定性的作用,这不仅是浪漫主义和现代主义的偶然影响,也是政治制度和资产阶级社会的深刻需要。墨西哥民族文化广泛地采用了"忧郁/

蜕变"原型,充分地利用了其调节潜力,并将其体现在了美西螈的范式之中。但我并不想说美西螈范式(即印第安人—佩拉多的隐喻轴心)是定义墨西哥政治主体的独特意象;我也不想说任何事物都逃脱不了其影响:它是一种非常重要的参照系,但它不是排他的,也不是无所不在的。我的意思是,在墨西哥文化的各种表现形式中都可以找到美西螈范式,但这并不意味着我们可以相信这种范式会是解释如《佩德罗·巴拉莫》等小说、《温柔的祖国》(*La suave patria*)等诗歌和《被遗忘的人们》(*Los olvidados*)等电影的钥匙。政治文化戏剧中的演员由非常不同的成分构成:佩德罗·巴拉莫、"印第安人"费尔南德斯(el Indio Fernández)、埃尔·帕约(El Payo)、胡安·佩雷斯·霍洛特(Juan Pérez Jolote)和查诺克(Chanoc)汇聚于墨西哥野性的、乡村的传说中;另一方面,坎丁弗拉斯、彼多·佩雷斯(Pito Pérez)、查韦斯的"无产阶级交响乐"、"小个子"奥利瓦雷斯(el Púas-Rubén Olivares)、海梅·洛佩斯(Jaime López)的摇滚乐则滋养了墨西哥城市的神话。许多电视剧和照片、漫画中表现出的忧郁,和胡安·何塞·阿雷奥拉(Juan José Arreola)等作家所经受的忧郁混同;对蜕变的渴望体现在科利塞奥竞技场(Arena Coliseo)的新人拳击手身上,同样体现在卡洛斯·富恩特斯的《阿尔特米奥·克鲁斯之死》中。然而,美西螈范式并不是一种解读文学文本抑或解释拳击比赛的分析工具,其功能是让我们在民族文化中寻得政治制度合法化进程的存在,并在不同国家的混杂背景中将它们识别出来。我认为如果我们想要了解墨西哥政治体制的本质,需要把这些进程从龛中取出来,曝露在阳光之下。

　　回到葛兰西提出的问题,我要指出正是现代墨西哥文化中有效存在的调解架构(如美西螈范式等),为墨西哥文化染上了人民-民族色彩。正是这些调解架构使作家们（作为广义上的话语创造者）能够履行民族"教育者"职能，在复苏与再造过程中塑造人民情感。是什么让这些调解架构如此高效？是什么赋予美西螺范式以合法性？最平常（但并不一定正确）的答案是，民族文化之所以有效，仅仅因为它是墨西哥的。然而，如果我们对这一答案稍作反思，就会发现这是一种庸俗的重复。

调解架构的有效性主要来自于这样的事实，即大众阶级斗争和情感中某些被选定的方面呈现出向民族文化领域的**特殊转移**。尽管这种转移并不意味着民族文化是大众阶级状况的客观反映，但依然使民族文化被大部分人**了解**。这种转移的特殊性在于它是依照一种范式或结构进行的。而这种范式或结构不仅根植于墨西哥的特性中，也根植于人类社会的深层本质里和治愈对抗伤害的需要中。故而，个体们认为他们的社会与民族文化之间存在结构上的重合，这使得后者能够被理解，并因此被视为他们自己的文化。但是，文化的"诸成分"仅仅形成一种传统，或至少起源于墨西哥人的生活环境是不够的，还需要一种"方程式"，将某些精准的范式混合在一起。这种情况产生了一种悖论，可以用电影等相对明显的例子来说明。墨西哥电影导演和观察家阿莱亨德罗·加林多（Alejandro Galindo）惊讶地发现，民族主题的电影"所呈现的墨西哥现实与实际的墨西哥现实间"显现出不一致、不和谐。最让加林多感到茫然的是，尽管观众意识到这个本应属于他们的现实是虚假的，"但他们还是兴高采烈地接受了电影提供给他们的现实"："他们不仅接受了电影，还为电影喝彩，甚至被其幻象震撼和感动。"[12]

正如加林多所指出的，电影导演自己也认识到，他们所感知的现实与他们制作的电影之间存在矛盾。但明显在电影导演与公众间存在着一种以**另一种现实**为参照对象的一致性,即不用社会科学家惯常理解的客观现实的另一种意义结构。毋庸置疑,在这里我们遇到的是一种主观性。

这类"另一种现实"就像疫苗一样接种到人民体内,以防止不稳定倾向的发展:过度的忧郁或非常强烈的蜕变冲动可能会造成政治体制的严重混乱。这似乎适用了一个古老的原则:以同治同[1];由此,给人民创造了一种以人民自身为特色的奇观,以净化他们的悲伤、挫折和罪孽。正是在《政治学》(*Política*)中,亚里士多德赋予了音乐净化(或宣泄)情绪的功能,他认为这会带来一种愉悦的缓解。[13]弥尔顿(John Milton)继承了这一思想,并赋予其希波克拉底式的意义,认为应该将恶质的体液从机体中清除出去:忧郁(黑色胆汁)可以通过音乐艺术来清除,而悲剧"借引起怜悯、恐怖或惧怕而具有力量,足以消除心中那些类似的激情"。[2][14]

不难理解,社会对立和政治对立造成的解体趋势,会给墨西哥民族文化统一性造成威胁。这些威胁并不直接以意识形态冲突的形式出现在文化中,而是以不同的变形形式出现。对由文化创造出的、作为民族灵魂保管者的主体来说,威胁民族团结的矛盾正是以激情和冲动的形式表现出来的。故而可以理解,宣泄栖息于民族灵魂中的激情,具有深远的政治意义。在这种情况下,必须唤起人们的忧郁,以遏制乡村野性可能的泛滥,并防止对失落的黄金时代怀念的肆虐。忧郁也会唤醒祖先的兽性,引发人们经常提到的"不驯服的墨西哥"复活。在另

---

[1] 原文为拉丁语 Simila similibus curantur,亦可译为"以毒攻毒"。
[2] 译文参考金发燊译本。

一端,浮士德式人物的进步主义的和乌托邦式的谵妄,会给民族团结带来灾难性的蜕变,带来一种名副其实的新蛮族入侵,把阻挡盎格鲁-撒克逊帝国主义影响的闸门高高抬起。

民族文化所创造的墨西哥人的结构,与社会政治体制凭依的结构间显然存在某种一致性。这使得宣泄或净化所需要的相似性效果产生了合法性,从而使一部分民众认识到"墨西哥性"形象是表达他们情感的另一种选择。在民族文化的奇观中,人民通过多种方式认识到,这并非其自身日常现实的**反映**,而是一种奇特的延长(或转移)。这是一种基本面貌:民族神话既不是人民大众生存状况的反映,也不是一种观念的错误(意识形态化)转移。政治神话在根本上并不等同于社会观念或意识形态:作为文化的一部分,我们可以将它们当作社会冲突通过其他媒介的延长。墨西哥人是民族历史的主体,同时受制于一种特殊形式的统治:墨西哥人的神话正是在这种转换中孕育而生的。

政治文化告诉我们,"这种"墨西哥人理应受到"这种"统治(因为两者间存在结构性一致性),这一事实将我们引向问题的另一个层面。这就是另一个神话的存在,即有罪的神话:墨西哥人民不仅囿于结构性原因理当受到统治,他们还必须涤清罪恶,这是宣泄的另一个维度。

墨西哥人民在形成大众方面是有罪的:传统民族主义对大众价值观的推崇,已经让位于统治阶级对大众的蔑视,无论是对传统形式的大众(由印第安人和农民组成的乡村大众)抑或现代形式的大众(佩拉多组成的城市大众)都是如此。从华莱士·汤普森(Wallace Thompson)《墨西哥人的思想》(*The Mexican Mind*)[15]等旧作里的种族主义与殖民主义评价与"墨西哥性哲学"的经典主体间窥见的奇特相似性中,可以证实这种蔑视的存在。负罪感是一个民族应当承担的耻辱,这一概念的古老历史背景显而易见;在此也无需赘述。相反,我想提及中世纪关于宇宙堕落的意象与解释不同制度间(例如在文化与政治间)对应关系的结构主义概念之间存在的奇特相似性。因此,微观宇宙和宏观宇宙之间的类比,对神学家们解读世界至关重要:只有当人类的行为与人类自然环境中的事件存在某种必然的对应关系时,原罪、堕落产生的宇宙反响才是可信的。同样,在现代意象中,国家的特征必须与人民的特征保有必然的对应关系:只有人民大众的堕落,才能解释他们所遭受的政治统治形式。

我们可以在政治文化中(尤其是在关于民族性格的神话中)寻得原型、范式、示例和拟象,它们以一种非常特殊的方式与政治和社会结构相关联,这需要加以解释;我已经谈到了它们之间的**对应关系**,但不是马克思主义意义上的对应关系,后者是一种试图理解社会现象历史根源的现代概念。我也没有提及韦伯的理想类型与它们所对应的现实复杂性之间的联系。正如我所言,有关民族性格的原型和刻板印象,是对现实情境的**延伸**或**转移**。但它们并不仅仅是社会矛盾在意识云层中的**反映**。也许为了理解这种现象,最好再次引入亚里士多德;诚然,民族性格的神话原型与社会生活之间的对应关系,是在悲剧语境中呈现的。亚里士多德将悲剧理解为:人在自我实现逐渐成熟的过程中,对人性的**人为摹仿**。民族主义的悲剧性场景,不也是一出摹仿现代国家统一成就的哑剧么?要呈现这种场景,只需要我们以一种矛盾的方式定义摹仿联系(即**对应关**

系)。但这种方式并不符合现代科学的概念,甚至也不符合现实主义的文学形式。政治神话和社会现实联系(建立一种摹仿)的方式,可以很好地使用中世纪意象来描绘。对于这个描述,我将借助埃里希·奥尔巴赫(Erich Auerbach)对于摹仿的出色研究。奥尔巴赫分析了中世纪**人物形象**的概念,以理解中世纪基督教文学的"现实主义"。奥尔巴赫写道:"以人叙事将两件事或两个人联系起来,两者你中有我,我中有你。"[1]16 一件事不仅有其自身的意义,还与它所证实的另一件事相关联,同时又不失掉**此时此地**的现实性。两件事不是按因果关系或时间顺序联系在一起的,而是在更高的层面上(神圣的,或者可以说国家与民族元话语中的)得到结合。如此,土著的牺牲与征服的创伤预示着对农民的剥削;禁锢佩拉多的组合链的谵妄,在坎丁弗拉斯式的无产者身上得以实现;马琳切的罪孽,在20世纪墨西哥妇女的负疚中得以延续。同样的事情,也发生在墨西哥人民与民族国家的联系上;套用奥尔巴赫的说法,国家存在于人民之中,就像是已被宣告和承诺一样,而国家"实现"(专业术语是"以人叙事"[*figuram implere*])人民。在人民与国家两者间,不存在横向(即因果和时间)的合理联系;在民族主义意象中,二者则有着纵向联系。这样,历史被消解了,人民与权力之间的具体联结变成了只有"上帝天意"或"国家理性"才能建构的结构性联系。在民族主义意象内部,只有集中于国家的纵向联系才是重要的。横向(历史)的网络框架失去了意义,沦为了一种伪现实。顺便说一句,这些观察让我们能够理解,为什么结构主义在神话研究中找到了如此肥沃的土壤。

---

[1] 译文参考吴麟绶、周新建、高艳婷译本。

这些比较游戏让我们可以窥见民族主义元话语常常阻止或妨碍墨西哥人与自己的过去及世界历史间联系的原因：历史被简化为象形文字，被简化为旨在颂扬国家权力、麻痹理性的静态符号；当一个人从这场梦中醒来时，很难认识到自己的过去，甚至很难认识到世界的存在。我们梦到了无数个神话英雄，可这个民族却只剩下了满目疮痍。

墨西哥的民族主义已经到了关键时刻：它不仅成为占统治地位的剥削制度合法性的可憎来源，试图通过政治文化的一致化来为深层的不平等与不公正开脱——这是它与所有民族主义的相同之处；但此外（也是关键所在），变形与转移的链条最终勾勒出了一种政治文化，而这种政治文化不再符合剥削制度本身扩张的需要。即使是坚定的资本主义和帝国主义的发展，也与乡村的悲伤、酋长们的野蛮规训、语带双关的和坎丁弗拉斯式的工人运动和一群以佩拉多为名的低效和腐败的影响公开发生冲突。但这不仅是一种发展经济以摆脱危机和停滞的需求。很大一部分墨西哥人开始摒弃旧的政治文化，这种文化六十多年来一直是专制、腐败、低效和落后的忠实伴侣。这种政治文化就是革命民族主义，其基本成分之一就是我所说的美西螈范式。

墨西哥人被驱逐出了民族文化；因此，他们越来越不崇拜因忧郁造成的失败蜕变，也不崇拜因落后而被阉割的进步。墨西哥人越来越少从美西螈提供给他们的民族文化之镜里认识自己，这面镜子是将民族主义和斯多葛主义统一的典型范例。许多墨西哥人不想再把变形的力量还给美西螈：这样做会毁掉他们的青春，只换来一个黏黏糊糊、毫无吸引力的未来。他们不热衷于高效的现代性，也无意恢复无产阶级工业未来的允诺。他们也不相信对黄金时代和幼虫原始状态的回归。他们被赶出了原初的乐园，也遭到了未来的驱逐。他们失掉了自己的身份，但并不为此感到遗憾：他们的新世界是一颗满是分歧与矛盾的苹果。他们从不是现代人，而现在是非现代人；他们不再像美西螈，他们是另类，他们与众不同。

致　谢

这项研究是在墨西哥国立自治大学(Universidad Nacional Autónoma de México)社会调查研究所进行的。在那里,我进行了证明我的想法所需的研究工作。

古根海姆基金会(Fundación Guggenheim)在1986—1987年间提供的资助,使我得以完成本书的写作。在本书撰写过程中,威斯康星大学(University of Wisconsin)将我聘为研究员,并向我提供了一流的图书馆服务。

我非常感谢上述机构给予我的支持。我也要感谢克里斯托弗·多明戈斯(Christopher Domínguez)和何塞·拉蒙·恩里克斯(José Ramón Enríquez)提供的帮助和意见。

注解与图像标注

序言

[1] Terry Eagleton, «The Subject of Literature».

[2] 虽然考虑到了荣格的解释,但我还是使用了米尔恰·伊利亚德(Mircea Eliade)意义上的"原型"概念,尤其是其广泛意义上,即一种古老的原初模式,人们依据它进行复制。

[3] 我同意胡里奥·卡罗·巴罗哈(Julio Caro Baroja)在他有关西班牙民族性格的文章中所指出的,民族性格的创造是一种有威胁性且危险的"神话活动"。*El mito del carácter nacional*, pp. 71-112. 另可见罗贝尔托·古铁雷斯(Roberto Gutiérrez)的启发性文章《神话与民主》(*Mito y democracia*)。

[4] David Brading, *Los orígenes del nacionalismo mexicano*, Frederick C. Turner, *La dinámica del nacionalismo mexicano*, Henry C. Schmidt, T*he Roots of Lo Mexicano*, Patrick Romanell, *La formación de la mentalidad mexicana* 和 Eduardo Montes, «La filosofía de lo mexicano: una corriente irracional».

[5] 尤可见于以下作品:E. Chávez, «Ensayo sobre los rasgos distintivos de la sensibilidad como factor del carácter del mexicano» (1901), M. Gamio, *Forjando patria* (1916), J. Guerrero, *La génesis del crimen en México* (1901), M. L. Guzmán, «La querella de México» (1915), A. Molina Enríquez, *Los grandes problemas nacionales* (1908), Justo Sierra, *México, su evolución social* (1900-1902), C. Trejo Lerdo de Tejada, *La revolución*

和 *el nacionalismo*（1916）.

⁶ A. Caso, *Discursos a la nación mexicana*（1922）和 J. Vasconcelos, *La raza cósmica*（1925）.

⁷ Diego Rivera, *Las obras de José Guadalupe Posada.*

⁸ S. Ramos, *El perfil del hombre y la cultura en México*（1934）. 关于《当代》可见于：Manuel Durán, *¿« Contemporáneos »：grupo, promoción, generación, conspiración*？和 Louis Panabiére,《Les intellectuels et l'Etat au Mexique（1930-1940）, le cas de dissidence des Contemporáneos》. 用以描绘"墨西哥性"的笔墨，主要来自于哈维尔·比利亚鲁迪亚（Javier Villaurrutia）、何塞·格罗斯蒂萨（José Gorostiza）、卡洛斯·佩利赛尔（Carlos Pellicer）、萨尔瓦多·诺沃（Salvador Novo）和托雷斯·博德（Torres Bodet）的墨水瓶。豪尔赫·库埃斯塔（Jorge Cuesta）直率的反民族主义立场没能阻止这一进程；关于这一问题，也可见克里斯托弗·多明戈斯（Christopher Domínguez）的作品 *Jorge Cuesta y el demonio de la política*。

⁹ J. Plumyène 和 R. Lasierra, *Catálogo de necedades que los europeos se aplican mutuamente*, p. 47。

¹⁰ 可参见 A. Villegas, *La filosofía de lo mexicano* 对该资料库的总结。在书中，比列加斯只选择了高校学者（如卡索、巴斯孔塞洛斯、拉莫斯与赛亚），虽然帕斯的《孤独的迷宫》对于"墨西哥性的哲学"作出了最大贡献，然而也被排除在外。伊沃迪奥·埃斯卡兰特（Evodio Escalante）在《¿Regresa la filosofía de lo mexicano？》这一文章中，指出了上述议题的现时相关性。也可参见帕特里西娅·庞塞·梅伦德兹（Patricia Ponce Meléndez）的博士论文 *Culture et Politique：le discours de l'intelligentsia mexicaine dans la recherche d'une identité*。

¹¹ 可见于参考书目。

¹² 例如，可参见鲁思·本尼迪克特（Ruth Benedict）的《菊与刀》（*The Chrysanthemum and the Sword*）。该报告不无魅力地将日本文化巨大的历史复杂性简化为一本静态手册，以供美国政界和军方在二战击败日本后，以正确方式尝试对其民众进行再教育。

[13] 我关注的时期(1900—1968年)由实证主义者的语焉不详开始(胡里奥·格雷罗,Julio Guerrero),且以明显不可能用"墨西哥性"神话来解释的1968年的悲剧状况结束(如奥克塔维奥·帕斯1969年出版的《孤独的迷宫》附言)。在格雷罗的1901年作品《墨西哥犯罪的起源》(*La génesis del crimen en México*)中,(如同帕斯所做的)追溯祖先的野蛮以解释民族。

[14] A. Breton, « Souvenirs du Mexique ». 美国毒蜥是著名的希拉河怪,是一种墨西哥北部和美国西南部特有的巨大毒蜥蜴(在新墨西哥州的希拉河流域)。C. Lévi-Strauss, *El pensamiento salvaje*, pp. 388-389.

[15] 这种可以玩弄信息的技巧,也应用在了我《政治权力的虚构网络》(*Las redes imaginarias del poder político*)一书中。在该作品中,我将塔罗牌的类型学与《启示录》中的末世论进行了对照。在这里,除了故事和章节的叙事技巧外,我还引入了某种与复调音乐形式结合的游戏,如赋格曲。(在英语中,动词"演奏"具有我所使用的双重意义,即玩游戏和演奏乐器;在西班牙语中,名词"fuga"包含同样的双关,意为"对照"和"逃避")。

[16] Bronislaw Malinowski, « Introduction », 摘自德国人类学家Julius E. Lips杰出且感人的著作, *The Savage Hits Back*, p. VIII。

[17] 后现代的概念,是在Umberto Eco, *Postscript to The Name of the Rose*, Jean-François Lyotard, *The Postmodern Condition* 和Frederic Jameson, « El posmodernismo o la lógica cultural del capitalismo tardío »的意义上使用。对我而言,我偏向于"去现代性"这一概念的回响,因为它们显示出对过多现代性导致的紧张情势的消弭。在英语中,这些词汇可被称为 "*dismothernism*",但只有拉丁美洲人能够理解其翻译 "desmadre"的隐藏含义。

第二章　倾覆的伊甸园

[1] 在墨西哥,有一种被"创造出来"的农民传统;这是一个很大程度上未被探索甚至不被承认的文化-政治进程。但是发明传统并非一种罕见现象;可以参考埃里克·霍布斯鲍姆(Eric Hobsbawm)等人发人深

省的著作《传统的发明》，其中探讨了在非洲、欧洲和印度等地发明传统的情况。就内疚情结而言，可以从一项关于墨西哥中产阶级的心理学研究窥见端倪：对于受访者而言，最令他们不安的两个词是"神秘"与"内疚"。其次，是有关经济状况、工作、疾病、家庭和学校的词汇。何塞·戈麦斯·罗夫莱达 (José Gómez Robleda) 《墨西哥人的心理》(*Psicología del mexicano*)。

[2] « Rulfo, el tiempo del mito », *Juan Rulfo, homenaje nacional*, p. 24.

[3] 我在《政治权力的虚构网络》一书中阐述了调解空间这个问题。但在本书中，我将从另一个角度来进行探讨。

[4] 这种极性表现为天堂/乌托邦的对比，这是忧郁和变态间的矛盾所表现出的形式；关于这些神话，可以在路易·鲁吉埃 (Louis Rougier) 的作品《从天堂到乌托邦》中寻得一种很好的总结。在这方面，也许列举出两部伟大的欧洲现代小说是有必要的。这两部作品都深入到上述神话领域，可以表明我思考的意义：爱德华·摩根·福斯特 (E. M. Forster) 的《印度之旅》(*Un viaje a la India*) 和马尔科姆·劳瑞 (Malcolm Lowry) 的《火山下》(*Bajo el volcán*)。奥克塔维奥·帕斯 (Octavio Paz) 过往的说法不无道理："如果说马尔科姆·劳瑞的主题是驱逐出天堂，那么胡安·鲁尔福的小说 (《佩德罗·巴拉莫》) 就是回归。因此英雄是一位死者：只有在死后，我们才能回到出生的伊甸园。"(« Paisaje y novela en México », *Corriente alterna*, pp. 17-18.)

[5] 奇怪的是，福斯特在《印度之旅》中表示，疯狂的猜疑是困扰印度人的恶习，正如同虚伪之于英国人。十分了解印度的乔治·奥威尔 (George Orwel) 在《对甘地的反思》(« Reflections on Gandhi ») 一文中对这种特征描述表示赞同。许多现代的现象，包括民族主义，都可以解释为对于失落族群的追寻；关于这个问题，可以参见罗伯特·尼斯比特 (Robert Nisbet) 的著作《追寻社群》(*The Quest for Community*)。

第三章　幼态性成熟

[1] Stephen Jay Gould, *Ever Since Darwin*, p. 63.

[2] L. Bolk, *Das problem der Menschwerdung*.

³ Stephen Jay Gould, *Ontogeny and Philogeny*.

第四章 原始的哀伤

¹ 有关这些常识的总结,可见于埃弗里特·M. 罗杰斯(Everett M. Rogers)和琳恩·斯文宁(Lynne Svenning)的《农民的现代性》(*La modernidad entre los campesinos*, pp. 33-46)。在雷蒙·威廉斯(Raymond Williams)的《乡村与城市》(*The Country and the City*)中,可以看到对英国文学中乡村—城市二元性的杰出研究。此外,也可参见埃姆里希·弗朗西斯(E. K. L. Francis)的"赫西俄德(Hesiod)《工作与时日》(*Works and Days*)中的农民人格类型:一个文化案例研究"中近乎永恒的"农民文化"的想法,以及彼得·沃尔科特(Peter Walcot)的《希腊农民:古代与现代》(*Greek Peasants, Ancient and Modern*)。罗伯特·芮德菲尔德(Robert Redfield)汲取了弗朗西斯的同质化主张,将赫西俄德的希腊人、现代尤卡坦半岛的玛雅人和19世纪英国乡村的居民归为同种单一类型。这种研究助长了对农民刻板印象的建立。参见罗伯特·芮德菲尔德《农民社会与文化》(*Peasant Society and Culture*)。

² M. Foucault, *Historia de la locura en la época clásica*, tomo I, p. 413.

³ 同上书, p. 427。

⁴ Julio Guerrero, *La génesis del crimen en México. Estudio de psiquiatría social*, pp. 23-24. 不难发现这些评价的起源。洪堡写道:"只要不被酒精夺去理智,墨西哥印第安人是严肃、忧郁、沉默的……对墨西哥人而言,神秘莫测是最为寻常的举动:最强烈的激情也不会让他们形于颜色;而当其绝对的平静转为猛烈、无节制的不安时,则会释放出一种恐怖的莫名气质……", *Ensayo político sobre el reino de la Nueva España*, tomo II, p. 86。

⁵ *La génesis del crimen en México*. 所引用的观点可见于 p. 232 y ss., 231, 24, 34, 11, 321 y 139, 依照提及顺序排列。

⁶ Julio Guerrero, 同上书, p. 159 y ss。

⁷ Samuel Ramos, *El perfil del hombre y la cultura en México*. Octavio

Paz, *El laberinto de la soledad*, 1959. Agustín Yáñez, «Estudio preliminar», *El pensador mexicano*.

[8] 让·斯塔罗宾斯基(Jean Starobinski)在《忧郁之墨》(*L'encre de la mélancolie*)中让我们重温莎士比亚的诗句:"……我的爱人能在墨迹里永放光明。"也可以在其作品《1900年之前的忧郁症治疗史》(*Histoire du traitement de la mélancolie dès origines à 1900*)找到类似描述。

[9] *Poesías completas*, tomo II. pp. 12-13. 亦可见于他的诗作《忧郁修女》(*Sor Melancolía*),受阿马多·内尔沃(Amado Nervo)诗句的启发。路易斯·贡萨加·乌尔比纳也写道:"看着中央高原的田野一片金灰,其间点缀着长有尖刺的龙舌兰叶冠……我们感到隐晦的渴望与朦胧的忧虑在胸中涌动,继而感到被我们阿科尔瓦祖先神圣的忧郁所浸染。一种伤感的复活占据了我们作为新西班牙人的性格。因此,我们不断倾向于使我们的情绪更为忧郁。我给一切色彩增添忧郁。不仅在我们的抒情弦乐中,在我们情感迸发的史诗里,在我们的欢声笑语乃至短暂的幽默中,我们都要为忧郁铺就一个舞台。我们用一颗托尔特克人熏香的柯巴脂,来为欢乐与悲伤增添香氛。"*La vida literaria en México*, p. 26(重点强调)。在哥伦比亚人阿尔曼多·索拉诺(Armando Solano)作品中,也可以见到一种对印第安人忧郁的刻板印象粗糙且明晰的阐述:*La melancolía de la raza indígena*。

[10] 有关这个问题可见于 Guillermo Díaz-Plaja, *Tratado de las melancolías españolas* 一书。根据奥克塔维奥·帕斯的说法,索尔·胡安娜·伊内斯·德·拉·克鲁兹(Sor Juana Inés de la Cruz)"是一位真正的忧郁症患者"(p. 286)她在这种孤独的痛苦之中找到了自由的来源:不求回报地爱上帝,意味着扩大人类自由的界限,同时缩小神恩的范围(p. 388)。如我在上面所说的,这种忧郁中的自由感恰是圣德蕾莎所谴责的。这无疑是因为她与索尔·胡安娜一样都经历过这种感觉。O. Paz, *Sor Juana Inés de la Cruz o las trampas de la fe*.

[11] Martín Luis Guzmán, «La querella de México» (1915), pp. 13 y 14-15, subrayado de M. L. Guzmán. 同样语气的评价完善了他的想法:"墨西哥的原住民在道德上是无意识的;他们甚至没能力辨别自身福

祉的最简单形式";他们不辨善恶,不知对错。"(p. 13)"我们过早地出生,其结果是精神上的贫瘠削弱了我们最大限度的努力,总是犹豫不决、方向不明。"(p. 15)

[12] 关于忧郁的文献不可胜数。特别可见于: L. Babb, *The Elizabethan Malady. A Study of Melancholia in English Literature from 1580 to 1642*; R. Burton, *The Anatomy of Melancholy*; Klibansky, Panofsky 和 Saxl, *Saturn and Melancholy*; M. A. Screech, *Montaigne & Melancholy*; S. Wenzel, *The Sin of Sloth ; Acedia in Medieval Thought and literature*。在切萨雷·龙勃罗梭(Cesare Lombroso)的《天才之人》(*L'Uomo di Genio*)(*1888*)一书中可以找到一个重要的例子,说明对天才和疯狂间联系的关注导致了极端荒谬;在第 40 页及之后,作品提到了忧郁症。另一方面,龙勃罗梭认为罪犯是介于疯子和野蛮人之间的中间类型。海梅·加西亚·特雷斯(Jaime García Terrés)在其作品《诗歌与炼金术》(*Poesía y alquimia*)中,强调了忧郁在吉尔伯托·欧文(Gilberto Owen)诗歌中的重要性,将之与奈瓦尔(Gérard de Nerval)《不幸者》(*El desdichado*)中著名的"黑色太阳"和维克多·雨果(Víctor Hugo)、波德莱尔(Charles Baudelaire)、兰波(Arthur Rimbaud)与普鲁斯特(Marcel Proust)所使用的象征主义相联系。加西亚·特雷斯其来有自地指出,某些形式的疯癫(庄严的愤怒、狂躁、内心的谵妄、神圣的占有)被看作是"唯一可以把我们从对无定形状态的迷恋中带离的东西,这种状态会入侵散漫、枯燥的灵魂"(p. 24)。忧郁既是混乱导致的眩晕,也是对原始统一性的怀念。

[13] R. Burton, *The Anatomy of Melancholy*, tomo I, 3;3, p. 485.

[14] Alonso López de Hinojosos, *Summa y recopilación de Chirugía...* cap. VIII del Libro Primero «De menarchia y tristeças», ed. A. Ricardo, México, 1578. Agustín Farfán, *Tractado breve de medicina y de todas las enfermedades*, 1592, edic. facs., Col. Inc. Amer., vol. X, Edit. Cultura Hispánica, Madrid, 1944. Juan de Barrios, *Verdadera medicina, cirugía y astrología*, México, 1607. 引自 Somolinos d'Ardois, *Historia de la psiquiatría en México*.

[15] *El laberinto de la Soledad*, p. 172. 这种对于整体的怀恋是现代美学的一个特点，它在对(不可及的)崇高的崇拜中寻找到了一种统一的规范性共识。Jean-François Lyotard, *The Postmodern Condition*, pp. 80-81. 同样，需要指出的是，将孤独感完全与落后的农村世界、拉丁美洲或墨西哥联系起来(像帕斯的作品，甚至加西亚·马尔克斯[García Márquez]的小说《百年孤独》也可能让我们这样想)。孤独似乎是一种抽象的民族主体归属感不可或缺的一部分，对抽象的民族主体归属感随着个体间真正分离的增加而加重。这种情况在工业化地区的大城市大规模出现。因此，现代形式的孤独被概括为一种与他者隔离的感觉。鉴于这种感觉，孤独所造成的痛苦常常被转移到他者身上——邻人的孤独、农民的孤独、第三世界野蛮人的孤独：如果我们不能理解他们，或是他们显得沉默和讶异，是因为他们被隔绝在了无意义的象形文字的孤独中。有一项对于美国人性格的经典研究，正是基于孤独的概念所进行：大卫·理斯曼(David Riesman)的《孤独的人群》(*The Lonely Crowd*)。胡里安·马里亚斯(Julián Marías)在《美国透视》(*Los Estados Unidos en escorzo*)中为一个类似的想法辩护："美国是由一种神秘且恐怖的力量定义的：孤独。"(p. 60)

第五章　歧义句构

[1] Ch. Darwin, *El origen de las especies*, cap. VII («Modos de transición»).

[2] 胡里奥·科塔萨尔的小说题为《美西螈》(*Axólotl*)。我将沃尔特·加斯坦格的诗句转载至此，因为这些句子不仅优美，也囊括了美西螈的特性：

> 钝口螈是一种巨大的蝾螈，生活在沼泽的水上，
> 会生育很多有鱼腥味的女儿，如其他蝾螈日所惯常；
> 这些美西螈长着鳃，追求水生生活，
> 但当它们该转变为蝾螈时，却古灵精怪、反复无常。
> 如果水变得肮脏难闻，它们会被迫改变，

因为那时它们必须用肺呼吸,上岸去游荡;

但当湖水诱人、空气新鲜、食物充足时,

它们就会永远保持幼态,将蝌蚪般的后代喂养。

常鳃类蝾螈每况愈下:

它们认为陆生是诅咒,水生是福昌。

它们甚至不考虑换个环境来适应天气,

而是像小蝌蚪一样生活,像小蝌蚪一样繁殖,与蝌蚪完全一样!

[3] B. Grzimek, *Animal Life Encyclopedia*.

第六章 无意义的时间

[1] 引自 Michéle Duchet, *Antropología e historia en el siglo de las luces*, pp. 265-266. 乔治·博阿斯(George Boas)《原始主义论文》(*Essays on Primitivism*)一书研究范围从教父学时代到菲奥雷的约阿基姆(Joachim of Fiore),为理解中世纪背景下"原始"人(高贵的野蛮人、人间天堂、非希伯来的和非欧洲的,等等)形象提供了很好的视角。许多中世纪思想能存留到现代,是令人惊讶的。

[2] Lucien Lévy-Bruhl, *La mentalidad primitiva*, pp. 84-85. 只要研究一下"原始"音乐的节奏现象或是与农耕有关的自然现象知识,就足以理解列维-布留尔结论的荒谬性。

[3] J. Piaget, *Le développement de la notion de temps chez l'enfant*.

[4] Mayor A. G. Leonard, *The lower Niger and its Tribes*, p. 181, 引自 Lévy-Bruhl, *La mentalidad primitiva*, p. 85。

[5] *Tiempo mexicano*, p. 26. "西方"的时间观念与印度的主流观念形成鲜明对比,后者反对"将从过去到将来的时间流逝理解为一种可以计算长短的量化时间"。耆那教与佛教基于其对生命不确定性的看法,以世界不断变化的阶段来理解经验。可见于 Hajime Nakamura, *Ways of Thinking of Eastern Peoples*, p. 81。

[6] *El laberinto de la soledad*, p. 48.

[7] J. Cohen, *Psychological Time in Health and Disease*.

[8] M. Halwachs, «La mémoire collective et le temps».

[9] Marie Bonapane, «Time and Unconscious».

[10] Jorge Carrión, *Mito y magia del mexicano* (subrayados míos, RB).

[11] 同上。

[12] Rogelio Díaz-Guerrero, *Psicología del mexicano*, p. 15.

[13] 同上书, p. 155。

[14] *Cornucopia de México*, p. 30.

[15] 同上书, p. 46。墨西哥人的死亡观念在其看来也是一个"亚洲式"特征。

[16] Fouillée, *Bosquejo psicológico de los pueblos europeos*, p. 502. 俄国人懒惰的神话由奥勃洛莫夫(Oblamov)所代表,他是伊万·亚历山大洛维奇·冈察洛夫(Iván Alexandrovich Goncharov)同名小说的主人公,并因可能是唯一一位用了一百多页才下床的文学人物而闻名。法国驻俄大使莫里斯·帕莱奥洛戈(Maurice Paléologue)在他的回忆录中坚持认为俄国人的性格是懒散、倦怠和迟钝的;"俄罗斯人,"他写道:"透过梦想的迷雾来了解现实,且从来没有精确的时间或空间概念。" M. Paléologue, *An Ambassador's Memoirs*, Londres, 1973, 引自 R. Hingley, *The Russian Mind*, p. 41。

[17] S. Ramos, *El perfil del hombre y la cultura en México*, p. 36.

[18] 同上书, p. 36(subrayados míos, RB)。在艾伦·莱丁(Alan Riding)的《遥远的邻居:墨西哥人画像》(*Vecinos distantes : Un retrato de los mexicanos*)第一章里,有一个为美国读者打造的"综合"版、半东方式的墨西哥刻板印象。在那里,人们不仅可以看到墨西哥神话的总结,也可以找到由墨西哥文化代码向美国文化代码转换的"翻译"。他试图表明,墨西哥人拥有一种"完全不同的时间哲学"(与西方时间哲学相比,这一点不言而喻)。"如果过去是安全的,现在可以即兴发挥,未来则会自行前来。"(p. 17)

[19] P. Fraisse, «Des différents modes d'adaptation au temps».

[20] J. Cohen, *Psychological Time in the Health and Disease*, pp. 84 y ss.

[21] J. M. Guyau, *La genèse de l'idée de temps*.

[22] p. Fraisse, *The Psychology of Time*, p. 203.

[23] L. Levelle, *Du Temps et de l'eternité*, Aubier, París, 1945. 引自 Fraisse, 同上书, p. 203。

[24] G. Bachelard, *La dialectique de la durée*, p. 48.

[25] A. Comte, *Catecismo positivista o exposición resumida de la religión universal*. 巴霍芬的思想, 由阿尔弗雷德·鲍姆勒（Alfred Baeumler）在这位伟大民族学家的伟大作品《东西方神话》（*Der Mythus von Orient und Okzident*, 1926, 慕尼黑）版的导言中进行了摘要和总结。鲍姆勒在其中指出了非历史性特征, 并以此名句结束了他的论述："神话不仅探索原始时代, 而且探索人类精神的原始之渊。"引自 H. Lefebvre, *Nietzsche*, p. 131 和 G. Lukács, *El asalto a la razón*, p. 436。

第八章 轻易的死亡

[1] *El político y el científico*, p. 201. 这个观点来自于托克维尔（Alexis de Tocqueville）, 他提到了发达国家居民的忧郁（可见于本书最后一章）。

[2] *La calavera*, p. 8.

[3] 引自 P. Westheim, 同上书, p. 9。

[4] O. Paz, *El laberinto de la soledad*, pp. 48-54.

[5] «Talpa», en *El llano en llamas*.

[6] 同上书, p. 9。在其他文段中, 他更敏锐地指出："在墨西哥的特殊情况里, 还必须考虑到: 从对逝者的追忆中最深刻的动容, 突然转变为对生命（对仍然活着）肆无忌惮的狂喜。"（p. 107）

[7] Fouillée, *Bosquejo psicológico de los pueblos europeos*, p. 516. 在另一部作品《法国人心理学》（*Psychologie du Peuple Français*）中, 他对自身文化的神话进行了补充。这与他对其他文化的分析形成了鲜明对比。

[8] M. Durán, «Juan Rulfo, cuentista: la verdad casi sospechosa». Véase también. 亦可见于: Evodio Escalante, «Juan Rulfo o el parricidio como una de las bellas artes»。

⁹ 生物学家和心理学家认为,人是唯一意识到死亡不可避免的动物。事实上,认为一个生命没有对死亡的恐惧,也就是认为其是一种动物;众所周知,在生物进化的过程中,前额叶发育的一个结果就是死亡意识的形成。在这方面,卡尔·萨根(Carl Sagan)表示:"人是地球上唯一对等待他的命运存在相对清晰认知的生物体。"而害怕死亡在某种意义上,意味着恐惧的本能和对个体命运的感知的结合。Carl Sagan, *Los dragones del edén*, p. 121.

¹⁰ Luis Cernuda, *Variaciones sobre tema mexicano*, pp. 68, 69 y 72.

¹¹ A. Artaud, *México y Viaje al país de los tarahumaras*, pp. 134, 174, 176, 183 y 184.

¹² 让·普鲁米耶(Jean Plumyène)以弗洛伊德为基础,在死亡本能和民族主义之间建立了一种有趣的联系。事实上,根据弗洛伊德的观点,死亡本能不过是一种倾向的表达:这种倾向驱使每个生物体重现前生命状态,回归产前的涅槃及初始的宁静;它也是对祖国归属的一种表达,保卫这种表达常常会付出许多生命的代价。现代革命者的口号"祖国或死亡"在这方面意义重大。可见于 J. Plumyéne, «Nationalisme et instinct de mort»。

¹³ Ernesto de Martino, *Morte e pianto rituale*: *dal lamento funebre antico al pianto de Maria*.

¹⁴ 可见于沃纳(W. Lloyd Warner)的重要文献,*The Living and the Dead. A Study of the Symbolic Life of the Americans*(尤其是第8、第9章)。

¹⁵ Carlos Navarrete, *San Pascualito Rey y el culto a la muerte en Chiapas*. 有关于迭戈·里维拉对于官方政治文化划界的矛盾性影响,亦可见于克里斯托弗·多明戈斯(Christopher Domínguez)的出色论文 «Grandes muros, estrechas celdas»。

¹⁶ Frances Toor y Pablo O'Higgins (eds.), *Las obras de José Guadalupe Posada, grabador mexicano*, introducción de Diego Rivera.

第九章 修洛特尔:畏死的神祇

¹ *Historia general de las cosas de la Nueva España*, libro séptimo, cap.

11, pp. 29-30.

² Sahagún, 同上书, Libro VII, cap. 11, p. 31.

³ Roberto Moreno, «El axólotl».

⁴ Gerónimo de Mendieta, *Historia eclesiástica indiana*, libro II, cap. 2, edit. S. Chávez Hayhoe, México, s/f. Mendieta 引用一位修道士 Andrés de Olmos 作为信息源。引自 R. Moreno, 同上书, pp. 16-23。

⁵ *Códice Chimalpopoca, Angels de Cuanhtitlany Leyenda de los soles*, Instituto de Historia UNAM, México, 1945 和 A. M. Garibay, *Llave del náhuatl*, Porrúa, México, 1951. pp. 221-222。引自 R. Morena, 前引作品。

⁶ Gerónimo de Mendieta, *Historia eclesiástica indiana*, libro II. cap. 1.

⁷ J. L. Martínez, *Nezahualcóyotl*, pp. 117-118.

⁸ *Cuerpo humano e ideología. Las concepciones de los antiguos nahuas*, tomo I, p. 363.

⁹ 同上书, tomo I, p. 235.

¹⁰ *Código florentino*, III, 42. 引自 López Austin, 同上书, tomo I, p. 383。

第十章 跪伏的英雄

¹ S. Ramos, *El perfil del hombre y la cultura en México*, p. 14.

² 埃米利奥·乌兰加(Emilio Uranga)证实了我的解释:"有一种支配墨西哥人的意志,是'炮制他'。许多人对此的解释是,似乎一位与真正墨西哥人不相符的墨西哥人,正在被制造或发明出来。但这并非该说法真正的含义,而是另有所指。'墨西哥性'是一群墨西哥人向其他墨西哥人提出的一个共同生活激励项目,以便共同实现它。"«Notas para el estudio del mexicano», p. 128.

³ 引自 S. Ramos, *El perfil del hombre y la cultura en México*, p. 21。

⁴ 同上书, p. 10。

⁵ 同上书, p. 15。

⁶ 同上书，p. 16。

⁷ *L'avenir de l'esprit européen*, Instituto de Cooperación Intelectual, 1934, p. 28, 引自 S. Ramos, 同上书, p. 52。这里也不能不提到斯宾格勒(Oswald Spengler)，他被用来支持"有色人种不需要白人的技术"这种观点。"只有浮士德式的人，"斯宾格勒说："才会以那种方式思考、感受与生活。对他而言，技术在精神上是必需的。" *El hombre y la técnica*, 引自 S. Ramos, 前引作品, p. 105。

⁸ *El laberinto de la soledad*, p. 16。

⁹ 同上书，p. 54。

¹⁰ 同上书，pp. 52-57。

¹¹ Jorge Carrión, *Mito y magia del mexicano*, p. 52。

¹² 对话内容源于：Emilio Uranga, «Ensayo de una antología del mexicano». Octavio Paz, *El laberinto de la soledad*. Samuel Ramos, «En torno a las ideas sobre lo mexicano». José Gaos, *En torno a la filosofía mexicana*. Alfonso Reyes, *La x en la frente*. Leopoldo Zea, «El mexicano en busca del mexicano». Jorge Carrión, *Mito y magia del mexicano*. Salvador Reyes Nevares, *El amor y la amistad en el mexicano*. Jorge Portilla, *Fenomenología del relajo*. Michael Maccoby, «On Mexican National Character». Gordon W. Hewes, «Mexicans in Search of the 'Mexican'». Erich Fromm y M. Maccoby, *Sociopsicoanálisis del campesino mexicano*。

第十一章　美西螈食者

¹ Paul D. MacLean, *A Triune Concept of the Brain and Behaviour*.

² 同上书，p. 81。

³ Konrad Lorenz, *L'agression. Une histoire naturelle du mal*, p. 62.

⁴ 引自 K. Lorenz, 同上书。

⁵ 同上书，p. 111。

⁶ 同上书。

第十二章　趋于变态

¹ *El labertino de la soledad*, p. 124.

² « La opinión de América », en *El problema de México y la ideología nacional* (1924).

³ *All That is Solid Melts Into Air*, p. 22 y ss.

⁴ *El perfil del hombre y la cultura en México*, p. 53. 雷韦尔塔斯称其为"顽固的一面"; Evodio Escalante, *José Revueltas. Una literatura del « lado moridor »*, p. 23。

⁵ 同上书。

⁶ 同上书,p. 54,subrayados de RB。

⁷ A. Yáñez, « Estudio preliminar » a Joaquín Fernández de Lizardi, *El pensador mexicano*, p. XXIV. 在一篇非常有趣的文章里,卡洛斯·蒙西瓦伊斯(Carlos Monsivais)指出,"被支配的民族文化"(下等阶层的文化)是粗俗的、反动的、宿命论的、堕落的、原始的、自满的、粗笨的、怨懑的、混乱的、残忍的、好斗的、压抑的、忍气吞声的、无礼的、耽于淫乐的、迷信的和大男子主义的。尽管他不吝使用形容词,但在他看来,这终究是一种勇敢的、有生命力的文化,抵御着民族霸权文化的压迫。这种压迫以跨国公司与依附资本为支撑,通过大众传媒、政府与天主教会施行。Véase C. Monsiváis, « De algunos problemas del término "cultural nacional" en México »。

⁸ M. Gamio, *Forjando patria*, p. 25.

⁹ A. Yáñez,前引作品,p. XXVI。

¹⁰ Carlos Trejo Lerdo de Tejada, *La revolución y el nacionalismo*, pp. 43-44. 在本书末尾有 M. Márquez Sterling 和 Luis G. Urbina 的两篇附文;后一说法的引用来源是本书 p. 265。

¹¹ E. Chávez, « Ensayo sobre los rasgos distintivos de la sensibilidad como factor del carácter mexicano ». 这是 1900 年 12 月 13 日提交给墨西哥实证主义学会的一篇论文。

¹² 同上书,p. 95.

¹³ 同上书,p. 83.

¹⁴ 奥罗斯科在 1923 年作出了上述解释。引于 Olivier Debroise, *Figuras en el trópico, plástica mexicana 1920-1940*, p. 54。对于"乡巴佬"

刻板印象的一版正式表述，可见于 Higinio Vázquez Santana 的《Charrería, deporte nacional》。

[15] Julio Guerrero 在 *La génesis del crimen en México* 中以非常相似的方式描述平民（p. 158 y ss）。埃塞基耶尔·查韦斯引用了弗朗西斯科·布尔内斯（Francisco Bulne）的幽默表述，作为自己对佩拉多评价的支持与先例，我记录如下："他夸夸其谈、胆大妄为……但他不迷信、不耍手段，也不具超凡能力……他实际上是个多妻主义者，对他所有女人、神祇与国王都不忠诚。他是一种精神……是野蛮的怀疑论者，像印第安人一样冷漠，抱持着一种了不起的德行：没有任何人、任何事会让他产生嫉妒心。他没有其他的愿望，只想成为一个男子汉……他热爱自己的祖国，并认为自己生在一个伟大的民族；当他承诺战斗时，像阿拉伯人一样可靠；当他许诺还债时，像占星者一样敷衍……他是反教权主义者，是没有血腥欲望的雅各宾派；他嘲弄修士，但并不厌恶他们，对一切进步、勇气、文明充满热情。"《Ensayo sobre los rasgos distintivos》, p. 89. 查韦斯反对最后一个论点，因为他不相信"粗俗的梅斯蒂索"甚至有能力在精神上代表未来。

第十三章　长着外阴……

[1] 可见于 Recchi 做出的总结：*Rerum Medicarum Novae Hispaniae Theaurussey Plantarum*, *Animalum Mineralum Mexicanorum Historia* ex Francisci Hernández... ex Typographei Vitalis Mascardi, Roma, 1651, pp. 316-317. Trad. esp. en *Obras completas*, tomo III, p. 390。

[2] Francisco Clavijero, *Historia antigua de México*, libro primero, p. 106. Alzate 的相关表述，可在 Roberto Moreno,《Las notas de Alzate a la Historia Antigua de Clavijero (Addenda)》, p. 110 找到。亦可见于 Alzate 的文章《Axólotl》。美西螈生活在潮湿的忧郁中，在"一个湿漉漉、近乎洪水漫卷的世界"（就像福柯所描绘的）。这和克拉维耶罗的论敌、高乃依·德·波夫（Corneille de Pauw）在 18 世纪为解释美洲人的堕落而创造出的世界如出一辙：对他而言，美洲潮湿、黏稠、多沼泽的环境对应其居民（人类和动物）怪异、堕落的性格，一者的腐败与另一

者相关联。可见于 G. Marchetti 于 1768—1769 年在柏林发表在 *Cultura indígena e integración nacional* 上的有趣研究分析 « Recherches philosophiques sur les Américains de Pauw »。

[3] « Recherches anatomiques sur les reptiles regardés encore comme douteux par les naturalistes; faites a l'ocassion de l'axolotl, rapporté par M. de Humboldt du Mexique ».

[4] Cuvier, *Le regne animal distribué d'aprés son organisation*, vol. 2, p. 119.

[5] A. Dumeril, « Reproduction, dans la Ménagerie des Reptiles au Muséum d'Histoire naturelle, des Axolotls, Batraciens urodéles à branchies persistantes, de México... », « Nouvelles observations sur les Axolotls... ».

第十四章 多愁善感的后代

[1] Brantz Mayer, *México, lo que fue y lo que es*, p. 80.

[2] *Indología*, p. 137.

[3] En A. Villegas, *La filosofía de lo mexicano*, p. 71.

[4] Dante Moreira Leite, *O carácter nacional brasileiro*, p. 33.

[5] Hipótesis, p. 96, 引自 A. Villegas, *La filosofía de lo mexicano*, p. 112.

[6] S. Ramos, *El perfil del hombre y la cultura en México*, p. 57.

[7] 同上书。

[8] Emilio Uranga, « Ensayo de una ontología del mexicano », p. 136.

[9] Jorge Portilla, *Fenomenología del relajo*, p. 128.

[10] Emilio Uranga, « Ensayo de una ontología del mexicano », p. 136.

[11] José Iturriaga, *La estructura social y cultural de México*, p. 231.

[12] Félix Palavicini, *Estética de la tragedia mexicana*, p. 105.

[13] 墨西哥文化中的自毁倾向,对腐败和低效的赞美,以及对死亡的崇拜,可以和塞内卡(Séneca)对自杀的呼吁相提并论:因为后者不认为死亡是可怕的,而是一种解脱。19 世纪的俄罗斯文化中,也将懒惰、不

守时、粗心大意、玩世不恭与铺张浪费作为对抗德式效率的积极价值。这些俄式"美德"被称为"*bezalabershchina*",在表示"缺席"的前缀后置入拉丁语动词"*elaborare*",以指代"无力完成工作"。这种俄国版的"无所屌谓"(*importamadrismo*)在苏联依然施行如故。R. Hingley, *The Russian Mind*, p. 41.

第十五章 爱国主义的手术刀

¹ 所有随后的相关引用都来自于该论文:《Descripción, metamorfosis y costumbres de una especie nueva de Siredon encontrada en el lago de Santa Isabel, cerca de la Villa de Guadalupe Hidalgo, Valle de México》。

² 奥古斯特·迪梅里于 1870 年 11 月 12 日逝世。

第十六章 燃烧的灵魂

¹ Mircea Eliade, *Cosmos and History. The Myth of Eternal Return.*

² «Crítica de la pirámide», en *Posdata*. 帕斯的这篇文章创造性地使用了米尔恰·伊利亚德关于宇宙和历史的思想。

³ Salvador Reyes Nevares, *El amor y la amistad en el mexicano*, pp. 41-65.

⁴ Leopoldo Zea, *El occidente y la conciencia de México*, p. 77.

第十七章 退或进?

¹ 可见于 Stephen Jay Gould 的杰作 *Ontogeny and Philogeny*.

² J. M. Velasco, «Anotaciones y observaciones al trabajo del señor Augusto Weismann, sobre la transformación del ajolote mexicano en Amblistoma».

³ Alfonso L. Herrera, «El ajolote...»

⁴ A. Weismann, «Ueber die Umwandlung des mexicanischen Axolotl in ein Amblystoma».

第十八章 做一个墨西哥人是否有意义?

¹ Albert Dandoy, *Le prolétariat et ses problémes*. 关于这种态度的背

景，可参阅 Louis Chevalier 的研究 *Laboring Classes and Dangerous Classes in Paris During the First Half of the Nineteenth Century*，其中分析了将城市中可怜人看作缺乏人性的野蛮人或是怪诞危险的野兽的倾向（p. 362 y ss.）。

[2] S. Ramos, *El perfil del hombre y la cultura en México*, p. 59.

[3] 可见于 Steven Marcus 的杰作 *Engels, Manchester and the Working Class*。

[4] 像是胡斯托·谢拉或是胡里奥·格雷罗作品所表明的。

[5] A. Yáñez, «Estudio preliminar», p. XXIV.

[6] C. Garizurieta, «Catarsis del mexicano», p. 169.

[7] 同上书，p. 171。

[8] 同上书，p. 172。

[9] S. Reyes Nevares, *El amor y la amistad en el mexicano*, pp. 2-3, 28.

[10] J. Carrión, *Mito y magia del mexicano*, p. 55.

[11] R. Menéndez Pidal, *Los españoles en la historia*, p. 86.

[12] 特彼多的话术在电视和电影中呈现得非常明显。在 Raúl Béjar 的«Ensayo para balconear al mexicano desde un punto de vista muy acá»亦可见到特彼多语言的"文明"使用，可见于 *El mexicano. Aspectos culturales y psicosociales*, pp. 201-237。在其中可以看到"这里"是如何被"那里"利用的，让我们不知道自己身处这里还是那里，因为感官已经被扰乱了：我们既在这里也在那里，因为这里就是那里，那里也是这里。

[13] 尽管坎丁弗拉斯的电影有时会出现对当局和警察的某种嘲讽，但其结果通常是人民和镇压者之间的共生：他们在毫无意义的情况下团结在一起。显然危地马拉和哥伦比亚警方认识到了这一事实，故而任命其为本机构的荣誉成员。也许正是出于类似的冲动，密歇根大学向这位"佩拉多阁下"授予荣誉博士学位。

第十九章　创世纪

[1] 可见于 Blount, Huxley 和 Ingram 的研究，详见本书参考书目。

[2] S. J. Gould, *Ontogeny and Philogeny*, p. 352 y ss.

[3] 引自 S. J. Gould, 前引作品, p. 403 和 Arthur O. Lovejoy, *The Great Chain of Being*, p. 215。

第二十章 一场小小的私人革命

[1] 在 Harry L. Rosser, *Conflict and Transition in Rural Mexico: The Fiction of Social Realism* 一书中能找到对墨西哥叙事中乡村元素的精彩分析。

[2] Moisés Sáenz, *México íntegro*, p. 263.

[3] 在欧洲,有一句古老的谚语这样说:"但愿死亡从西班牙向我走来,这样它就会到达迟缓,且步履慵懒。"对墨西哥而言,死亡似乎恰从西班牙而来。或者说,至少可以归咎于那些西班牙人,是他们带来了关于一个疏忽大意、无所事事、焦虑多思、慵懒怠惰的民族的"黑色传说"。在 1782 年,迭斯·德·加梅斯(Diez de Gámez)说道:"英国人会提前达成协议,他们很谨慎;法国人从来都是直到当天才达成协议,他们骄傲而草率;卡斯蒂利亚人在事情超时之前从来达不成协议,他们无所事事、焦虑多思。"(*El victorias o Crónica de Pedro Niño*, 引自 Menéndez Pidal, *Los españoles en la historia*, p. 83)。

[4] José Gaos, *En torno a la filosofía mexicana*, p. 117.

[5] 同上书。

[6] "墨西哥性"哲学的勃兴恰逢米格尔·阿莱曼·巴尔德斯(Miguel Alemán Valdés)总统执政时期并非偶然。

[7] *El amor y la amistad en el mexicano*, pp. 83-84.

[8] *Fenomenología del relajo*, p. 85.

[9] *Fenomenología del relajo*, p. 15. 奥克塔维奥·帕斯生于 1914 年,胡安·鲁尔福和胡安·何塞·阿雷奥拉(Juan José Arreola)均生于 1919 年左右。

[10] 同上书, p. 39-41。

[11] Reyes Novares 著作 *El amor y la amistad en el mexicano* 的前两章阐述道,优雅和尊严是墨西哥人性格的两条主线。

¹² R. Usigli,《Epílogo sobre la hipocresía del mexicano》, p. 159. 亦可见他 1952 年发表的文章《Rostros y máscaras》,收录在米格尔·阿莱曼政府的一部题为 *México, realización y esperanza* 的官方图书里。在该书中,读者可以看到阿莱曼治下的官僚机构与知识界为被国家制度化的民族主义制定的"资产负债表"。该作品旨在展示一部分"终于开始主宰无政府主义历史洪流的民族的生活"。根据序章,该书的作者包括了 José Campillo Sáenz, Alfonso Caso, Miguel Covarrubias, Carlos Chávez, Oswaldo Díaz Ruanova, Álvaro Gálvez y Fuentes, Gilberto Loyo, Eduardo Luquín, Hugo B. Margáin, Armando de Maria y Campos, Salvador Novo, Samuel Ramos, Jesús Reyes Heroles 和 José Rojas Garcidueñas 等人。

¹³ *El laberinto de la soledad*, p. 25 y ss. 面具的概念,在墨西哥知识界一直存在。José Fuentes Mares 在其 1949 年出版的 *México en la hispanidad* 一书的最后一部分给出了自己的版本。在这个题为"戴面具的人"的章节中,他发展了 Antonio Caso,尤其是 Samuel Ramos 的理论。

¹⁴ Portilla, *Fenomenología del relajo*, p. 94.

第二十一章　赋格曲

¹ 可见于这一表述,以及一项关于青年马克思浪漫主义思想的研究: Leonard P. Wessell, Jr., *Karl Marx : Romantic Irony and the Proletariat. The Mythopoetic Origins of Marxism*, p. 40 y ss。

² 苏博特尼克(Morton Subotnick)创作的题为《美西螈》(*Axolotl*)的音乐作品,就很好地诠释了我的意思。这是一首由大提琴和电子幻象乐谱组成的乐曲,唯美地描绘了在其潜能发展中从未抵达过最后阶段的两栖动物。电子幻象乐谱自身并没有声音。它根据一盘录有高频听力信号的磁带引导,将大提琴演奏的声音实时转化为电子音。这些信号并未被放大,而是控制着一个电子系统,改变频率、修正放大率,并将声音固定于立体声扬声器的左右声道。就这样,大提琴与电子音以一种奇特的多声部合奏方式交织在一起,如同社会与主流政治文化一样。电子音不仅仅是幽灵般的回声,因为它受苏博特尼克所定义的"元结

构"所支配。政治文化也同样如此。请听 Morton Subotnick, *Axolotl*, 17:21, Nonesuch Records, 1981。

第二十二章 到来处去

[1] O. Paz, *El laberinto de la soledad*, pp. 71 y ss.

[2] 颇为说明问题的是,拉法耶(Jacques Lafaye)对瓜达卢佩圣母和民族意识的形成进行了细致的研究,却避免谈及神话中的任何色情内容;他也没有提及马琳切。相反,Francisco de la Maza 却出人意料地引入弗洛伊德学派,来解释向上帝之母祈求怜悯的行为(*El guadalupanismo mexicano*, p. 168)。Eric R. Wolf 的佳作 *The Virgin of Guadalupe: A Mexican National Symbol*,特别是 Edmundo O'Gorman 的文章«Destierro de sombras. Luz en el origen de la imagen y culto de nuestra Señora de Guadalupe del Tepeyac»对该问题均有涉及。后者对瓜达卢佩信仰的"发明"进行了精彩的历史性分析。

[3] *Historia verdadera de la conquista de la Nueva España*. 本条及其后引用可参见 pp. 69-73。

[4] *Historia general de las cosas de la Nueva España*, libro primero, cap. VI, 3 y 4。

[5] 同上书, libro undécimo, apéndice 7。

[6] E. de Stricker, *La forme la plus anciénne du Protoévangile du Jacques* (1961),引自 Hilda Graef, *La mariología y el culto mariano a través de la historia*, p. 45。

[7] Hilda Graef, 同上书, p. 104。

[8] *Hechos de los apóstoles*, 19, 23-40。

[9] Agustí Bartra, *Diccionario de mitología*。

[10] H. Graef, *La mariología y el culto mariano a través de la historia*, p. 56。

[11] 对这一科学领域悲剧时刻的相关评述,可见于 Carl Sagan, *Cosmos*, p. 335。

[12] H. Graef, *La mariología y el culto mariano a través de la historia*, p. 342。

¹³ "有人告诉蒙特祖马,西班牙人如何带来了一个叫玛利亚的墨西哥印第安人。她出生于北海之滨的特蒂克帕克村镇附近,西班牙人将她带来充作翻译……" Sahagún, 前引作品, tomo IV, libro 12, cap. IX, p. 43。在萨阿贡的线人提供的这段话的纳瓦特尔语原始文本中,她被称为马琳琴。

¹⁴ M. Warner, *Alone of All Her Sex*, p. 235.

¹⁵ «El beso de la Malinche», Rafael López 诗作,引自 Gustavo A. Rodríguez, *Doña Marina*, p. 66。

¹⁶ Mariano G. Somonte, *Doña Marina*, «La Malinche», pp. 75 y 95.

¹⁷ J. M. Marroqui, *La Llorona, cuento histórico mexicano*. 亦可见于 De Aragón, *The Legend of La Llorona*。

¹⁸ *Historia general de las cosas de la Nueva España*, libro primero, cap. VI, 3 y 4.

¹⁹ «Discurso cívico pronunciado el 16 de septiembre de 1861, en la Alameda de México, en memoria de la proclamación de la Independencia». Ignacio Ramírez, *Obras*, tomo I, p. 134.

²⁰ *Imagen de la Virgen María Madre de Dios de Guadalupe... Celebrada en su historia con la profesía del capítulo doze de Apocalipsis*, México, 1648(引自 Francisco de la Maza, *El guadalupanismo mexicano*, p. 50);关于弥赛亚的方面,可见于«Arquetipo mesiánico judío y articulación de identidades nacionales», de J. Gabayet。

²¹ Luis Lasso de la Vega, «Carta al autor», 引自 Francisco de la Maza, 同上书, p. 38。

²² 同上书, p. 60。

²³ 同上书, p. 69。

²⁴ 同上书, p. 132。

²⁵ Santiago Ramírez, *El mexicano, psicología de sus motivaciones*. Rogelio Díaz-Guerrero, *Psicología del mexicano*. Dolores M. de Sandoval, *El mexicano : psicodinámica de sus relaciones familiares*.

²⁶ Luis Enrique Erro, *Los pies descalzos*, p. 155.

²⁷ 同上书, p. 156。

[28] Dolores M. de Sandoval, *El mexicano : psicodinámica de sus relaciones familiares*, pp. 32, 90 y 91.

[29] Gabriel Zaid, «Problemas de una cultura matriotera».

[30] 奥克塔维奥·帕斯在分析这个感叹词时代入了一种混淆,因为他假装这种爱国的肯定性呐喊指向了剩下的人、其他人、外国人,他们是"婊子养的们"。但很明显,"婊子养的们"就是墨西哥人自己;这是对那些听到呐喊的人的挑战,其中的侮辱意味(就像许多墨西哥表达方式一样)也包括了一种混杂侵略性的亲切成分。帕斯本人后来自相矛盾地指出,"被强奸的女人"是"哭泣的女人"和受苦受难的墨西哥母亲的代表:那么,她的子女又怎么可能是外国人呢? 此外,帕斯还夸大了动词"chingar"的特殊性,事实上它与 foutre, fuck 和 joder 有着极大的相似性,既同样具有性和攻击的含义,也均被用于强奸母亲的表述。关于"La chingada"(被奸的女人),请阅读卡洛斯·福恩特斯在 *La muerte de Artemio Cruz* 的一章里疯狂且有深意的展示。在这里,他明确地使用了黄金时代的忧郁神话:"你干他妈的那事,要往哪里去呀? 噢,神秘啊,噢,虚幻啊,噢,惆怅啊。你以为干那事就可以反本还原,还什么原呢? 你不会的。谁都不希望回到那个骗人的黄金时代去,回到那凶险的洪荒时代去,再去听那些猛兽的吼叫……"(p. 145)。(译者注:参考亦潜译本。)

[31] 有一段描述虽简单,却揭示了墨西哥妇女的共性,其中公开承认"当与马琳切相比时,瓜达卢佩圣母似乎是她的补充,就像一幅图画的另一面"。Juana Armanda Alegría, *Psicología de las mexicanas*, p. 103. 关于这个问题,以下材料也值得参考:Shirlene Soto, «Tres modelos culturales: la Virgen de Guadalupe, la Malinche y la Llorona», y Rachel Phillips, «Marina/Malinche: Masks and Shadows»。

[32] C. Monsiváis, «Sexismo en la literatura mexicana», p. 109. 画家弗里达·卡罗的生活就是一个例证:在谈及女性类型时,神话中的现实往往比文学中更丰富。从某种意义上说,弗里达·卡罗是多种矛盾的综合体(尽管是理智的综合体),这些矛盾则来自于民族文化创造的女性神话。此外,弗里达·卡罗的作品充满了引喻,丰富了民族神话本身(包括有关死亡、暴力、大男子主义、墨西哥人的尘世起源等内容),该

风格在她丈夫迭戈·里维拉的作品中亦可见到。可参阅由 Hayden Herrera 写作的传记 *Frida*。修女索尔·胡安娜·伊内斯·德·拉·克鲁兹也是如此:埃塞基耶尔·查韦斯在她身上看到了全部墨西哥人的灵魂,包括西班牙人、克里奥尔人、梅斯蒂索人、黑人和印第安人。可见于 *Ensayo de psicología de Sor Juana Inés de la Cruz*, p. 356。

[33] «Eva», en *Obras Completas*.

[34] *Pensées*. Ed. Brunschvig, 439, p. 555;引自 Louis Rougier, *Del paraíso a la utopía*, p. 46。

后记

[1] John Rutherford, *Mexican Society During the Revolution. A Literary Approach*. 如果剥离掉革命意识形态的文化维度,它就会沦为乏味的社会经济民族主义的脆弱骨架。Daniel Cazés 是最早指出 1910 年开始的斗争具有如此落后特征的人之一(其中一个原因是其意识形态层面的脆弱),乃至可以将其称为一场"次革命"。他还对墨西哥革命最重要的先知之一——安德烈斯·莫利纳·恩里克斯(Andrés Molina Enríquez)——可怕的意识形态弱点进行了尖锐的批判性分析:其核心论点以社会经济相关内容为核心,若没有社会达尔文主义和斯宾塞社会有机体论(该理论推崇种族与文化混合产生的爱国主义价值观)的支持是无法成立的。Daniel Cazés, *Los revolucionarios*, p. 35 y ss. Ramón Eduardo Ruiz 在其著作 *México :la gran rebelión* 中同样从批判的角度进行了精彩的研究,书名本身就清楚地表明了作者的意图。

[2] Enrique Krauze 关于卡兰萨、马德罗、奥夫雷贡和卡列斯的传记证实了这一点(*Biografía del poder*)。同一作者的著作亦可参阅 *Caudillos culturales en la Revolución mexicana*。关于政治神话作为权力结构分析工具的重要性,可参阅 T. Borazzi «Mito político»一文,选自 *Diccionario de política* de Bobbio y Matteucci, Siglo XXI, México, 1982。另见 André Reszler, *Mitos políticos modernos*。虽然研究有些杂乱和粗疏,但却非常精彩。

[3] José Martín Barbero 在其文«¿Qué es la cultura popular? »中对这一问题进行了深刻的批判性思考。

⁴ Jorge Aguilar Mora 对那些认为被统治者被迫以统治者的眼光看待自己,从而确保剥削制度霸权的人作出了有趣的批评:"统治者的意识形态……既包括被统治者,也包括统治者";但真正确保霸权的不是意识形态的统一,而是民族文化是被统治者与统治者的共同表达这一事实;这就解释了尽管在一些国家(如法国和意大利)的社会中存在着深刻的意识形态差异,但剥削制度的合法性却依然得到维持,J. Aguilar Mora, *La divina pareja*, p. 45。

⁵ 摇滚乐就是一个很好的例证。它显然源于国外,但已经变成民族文化的一种表现形式。

⁶ *Cuadernos de la cárcel*, «Problemas de la cultura nacional italiana», cuaderno 21 (XVII), 1934-1935, tomo 6. 许多墨西哥作家都关注过这一问题。如作家何塞·奥古斯丁(José Agustín)对于创设一种"墨西哥文学"表现出浓厚的兴趣,同时对被我简化为"美西蜥规则"的诸多刻板印象(关于死亡,关于印第安人,等等)深恶痛绝。«Entrevista a José Agustín», de Héctor Gómez Vázquez。

⁷ Víctor Hugo, *La préface de Cromwell*, pp. 186-191。

⁸ François-René Chateaubriand, *La genèse du Christianisme*, 2a. parte, I, III, cap. IX。

⁹ *La democracia en América*, 2o. libro, cap. XIII, p. 497. Susan Sontag 在 *Under the Sign of Saturn* 中讨论了现代忧郁症的其他形式,也提到了瓦尔特·本雅明(Walter Benjamín)。亦可见于 David Gross, «La melancolía de la izquierda»一文。

¹⁰ 可见于杰出的法文版 *La métamorphose des plantes*。André Masson 利用这本书的象征力绘制了其《歌德肖像》(1940 年),其中的植物变形被描述成一场光怪陆离、色彩斑斓的内心世界怪诞旅行。《浮士德》有几种西班牙文译本;其中何塞·巴斯孔塞洛斯 1924 年在国立大学编辑的版本非常出色(由 J. Roviralta Borrell 译出)。在 Ernest G. Schachtel 所著 *Metamorphosis* 一书中,现代心理学将蜕变理解为从子宫中的胚胎生命到人类世界与自然世界存在的变化过程。

¹¹ 对这种拉美文化中二元性的精彩展示,可以在 Carlos Monsiváis «Civilización y Coca-Cola»一文中找到。亦可见于 Sara Sefchovich, «La

continua obsesión de la cultura mexicana», 特别是 Saúl Yurkievich 编纂的文集 *Identidad cultural de Iberoamérica en su literatura*。

[12] Alejandro Galindo, *Una radiografía histórica del cine mexicano*, 引自 Aurelio de los Reyes 的 *Cine y sociedad en México, 1896-1930*, p. 193。

[13] "所有人的灵魂中都存在诸如怜悯、恐惧、热忱等情感,只是每个人的感受不同,或强或弱。有的人特别易于受到宗教情感的感染,一旦他们听到这种严肃而神秘的乐曲时,就情不自已,深深沉入这种疯狂中,仿佛得到了灵魂上的治愈和净化似的。" *Política*, VIII: 7, pp. 1341-1342. 将悲剧视为宣泄的说法,可参阅 *Poética*, VI: 2. (译者注:译文参考陈虹秀译本。)

[14] John Milton, prefacio a *Samson Agonistes* (1671). 他还写道:"大自然也不乏自身的效验足以证实他的主张:就因为这个,具有忧郁色彩和性质的药物被用来治疗忧郁症,酸东西用来医治寒酸气,盐用来消除尖刻的脾气。"

[15] 就连一位当代英国作家在墨西哥这个"危险的地方"旅行所累积的一连串胡言乱语,也成为这个神话的一部分。Hugh Fleetwood, *A Dangerous Place.*

[16] Erich Auerbach, *Mimesis. The Representation of Reality in Western Literature*, p. 73. 我随后的转述引自 pp. 73, 74 y 555。

蝙蝠、牡丹鹦鹉与六角恐龙
——《忧郁的牢笼》译后记

万 戴

作为没有在学术机构供职的研究者,我常常与学界同好笑称自己是一只野生知识分子、拉封丹寓言里溜出的蝙蝠:非鸟非鼠,享有着职业学者没有的阅读自由与悠然视角,也需要更多的自我证明,才能在学术共同体中得到应有的尊重。墨西哥历史学家恩里克·克劳泽(Enrique Krauze)严肃地否定了我的玩笑:对他而言,一生中绝大多数时间从事不受任何组织资助的研究,并通过文章积极参与国家事务,是一种重要的独立性的体现。

对于已经获得学术成就和公共影响力的学者而言,这种独立性不仅珍贵,也值得尊敬;但对于更大范围的知识分子群体而言,身份依然是一个不容忽视的问题。族群性格、身份认知,往往与不同范围的知识分子群体呈现出循环的相互建构过程:知识分子探究、描述与总结人群文化特性,而他们的思想产品又在更长的时间线和更广阔的空间范围内塑造着面对的人群。这种"身份的诅咒"(或称"群体性的诅咒"),在一代代知识分子的灌溉中逐渐壮大为一个群体的文化图腾,继而又影响着后来的知识分子。

此类图腾标记了学派、社会群体,甚至扩大到民族国家或更大范围。当我们透过经过翻译乃至转移的学术作品去了解他者时,这些图腾就成为路标和灯塔,将探索者带到被苦心打造的意象之境中。

"美西螈"和它背后的一系列意象,就像是矗立在特诺奇蒂特兰古城上的图腾大纛。对它的讨论,正是《忧郁的牢笼》的主题之一。

从美西螈开始

我欣赏罗赫尔·巴尔特拉的探讨,更喜欢的是他对议题的选择。"民族性"是任何当代文化思想者群体都无比钟爱的议题,存在着跨越学科的广泛视角以及其他议题无可比拟的现实性。总结陈述如《菊与刀》,群像访谈如《大分裂》,以及中国读者耳熟能详的、本国文学史和思想史中的多部佳作,成为认识世界、认识自己的重要倚仗,也反哺了对当代国际事务中一些现象的解释。

拉丁美洲由于其知识群体的复杂背景,这方面的研究则更为具体而丰富。曾经有学者列出书单,建议将《忧郁的牢笼》与奥克塔维奥·帕斯、萨穆埃尔·拉莫斯有关民族性的著作合并阅读,以便更为了解"墨西哥民族性"和"墨西哥学者对于民族性的态度"。

但是这部书的出发点,与《孤独的迷宫》和《面具与乌托邦》迥然不同,甚至在某些问题上持相反的意见与批判的态度。我更愿意相信巴尔特拉在墨西哥版序言中所表示的,一位左派知识分子对"民族性"叙事(或更直接地说,霸权叙事)的祛魅和解构的探索:

> 有关"墨西哥性"的意象并不是大众意识的反映(将这种意识假设为一种单一、同质化的实体存在,是值得怀疑的)。另一方面,虽然这些想法是由知识精英提炼出来的,但我不会只把它们当作意识形态表达来处理,而主要将其归作霸权文化所制造的神话。

不同于内容排布与论述中的浪漫主义,以整书而言,巴尔特拉在严肃而谨慎地面对着这一问题:墨西哥民族性的建构者们是谁,或者说他们应当是谁?如果这些诠释者确实具有天然合法性,他们的论述就一定是符合实际的么?

美西螈就在这一刻出现了。和科塔萨尔一起,一个身背"J",一个身背"X",展开了一场对拉美文学读者而言熟悉又陌生的对话。从美西螈阿方索·雷耶斯开口讲话开始,科塔萨尔的小说原著被巴氏借用,呈现出了全书第一次异变,也给我初始的翻译工作增加了许多难度和乐趣。在两位杰出的驻法记者帮助下,我复原了巴黎大清真寺附近的地形地貌,将这场虚拟的跨物种对谈还原到巴尔特拉期待的"真实"中。

从美西螈开始的外延探索,带来了这部作品的第二个特点——堪称独特的内容排布。作为墨西哥人类学与社会学界久负盛名的知识分子,巴尔特拉已经摆脱了学者写作的制式模式,转向了富于文学创造性的学理表达。他在奇数章引入了十数个有关美西螈的文学作品、民族神话与博物掌故,在偶数章展开对于墨西哥"民族性叙事"的研究与批判。这种阴阳嵌合的表述方式,让这部作品在严肃讨论同时,也带来了一种结构上的音乐性。这也使得翻译的过程变成了一场场在不同场合进行的、风格迥异却又存在连续性的对话,从美西螈开始,至现代社会中的墨西哥人而止。

牡丹鹦鹉的巢穴,赤诚打造的牢笼

与拉美大陆上大多数国家类似,墨西哥拥有大量世界知名的公共知识分子,学者表达政治意见的比例和频率都非常可观。如果再将容留流亡知识分子与革命者的传统计算在内,墨西哥可称为这一领域的代表(也包括巴尔特拉本人,其双亲均为加泰罗尼亚流亡者)。仅从这一部书内,我们就可以读到数十位对墨西哥民族性议题阐述过意见的学者、作家、艺术家,呈现出的是丰富广阔的思想来源。

但同时在本书的视域下,墨西哥政治权力的掌控者、墨西哥知识群体、普通墨西哥民众在这种叙事中也存在着灾难性的历史性割裂。如今,在墨西哥城古城区的北端有一座享有盛誉的"三文化广场",在一座广场的范围内可以同时遇见前哥伦布时期的原住民文化、殖民时期文化以及现代墨西哥文化遗迹,完美地诠释了这个混血国家的文化基因。思想界的显学普遍认为这三个时期的文化在当代得到充分融合,形成了当代墨西哥的民族文化。

显然巴尔特拉并不完全认同这种观点，这与我在墨所见所学可作印证：三种文化的印记并不能像光线一样均匀地投射到每个墨西哥人的观念中。尽管在很多意义上，由于知识分子的苦心经营，墨西哥平民往往被灌输自己拥有或应该拥有怎样的民族性格、优点与劣根性。而日常生活表现中，常常观察不到那些虚无缥缈的民族性格普遍存在的证据。

在巴氏的论述中，民族性格的探讨转变为民族主义叙事的牢笼，是一个漫长的、充斥着权力的阴谋、或傲慢或真诚的诠释，带给作为接受者的墨西哥民众品类丰富、口气笃定、有各路权威背书的洗脑套餐。为此，他在书中设计了一次核心知识分子的咖啡馆对谈（本书第十章），探讨墨西哥人的形象、墨西哥人的共性与个性，以及"墨西哥人的哲学"存在的可能性和可能意义。在其中，他也借着旅墨西班牙哲学家何塞·高斯之口，讲出了这件事的荒谬性：

> 不存在"一种"墨西哥人，而只存在地理学、人类学、历史学、社会学意义上不同的墨西哥人——高原或海边的墨西哥人；印第安人、克里奥尔人或梅斯蒂索人；殖民地时期的、墨西哥独立时期的、墨西哥革命时期的或与我们同时代的人；佩拉多、资产阶级、知识分子或农民……所以墨西哥人的哲学并非在发展其他哲学，如果有的话，也是任意选取的某些墨西哥人的哲学。

这种质疑，在哲学上无疑是根本性的。高斯的话语可以当作结论，而对该结论的论证，以及对于其影响的研判，贯穿了整个《忧郁的牢笼》。对于诠释合法性的问题，书中并没有给出明确的答案。客观而言，巴尔特拉与他的墨西哥同侪权力平等；

但同样的思想土壤，与相似的使命感，给他们带来的是相异甚至相反的理念。

在翻译涉及到几十位墨西哥学者的相关论述时，也让我回忆起多年来涉及到墨西哥民族性议题的阅读。在本土性意识之外，墨西哥知识分子身份背景与学术背景国际化程度极高，也让他们在这个老问题上总能引入新学派、新理论，像是秀美聪慧的牡丹鹦鹉，极力收集外来所有的羽毛、亮片和鲜花嫩枝，打造最美丽的窝巢。

在巴氏的梳理下可以见到，研究者并非都是善意的（混杂着人种学的歧视与殖民主义的傲慢），但也有许多当代文化人心怀赤诚，对于墨西哥性中"原始的天堂"、自卑与忧郁等问题的观察与评述，以启迪国民为志愿的思想活动，终究助成一座围困民族火焰的思想牢笼。

顿开金锁夜燕飞

墨西哥知识群体，尤其是近代墨西哥知识群体，并不能完全等同于"一群有知识的普通墨西哥人"，这一现象也并非孤例。由于殖民历史的存在，虽在人种上实现了"宇宙种族化"，形成了中国读者印象中的"现代墨西哥人"群体，但财富、知识和社会资源的不平衡，也对知识分子的出身背景造成了自然筛选。

这就是我谈及的，三文化的印记并不像自然光线一样普照墨西哥，定义者（知识群体）与被定义者（普通民众）也并非完全对标。巴尔特拉的担忧，一部分也自此而来。巴尔特拉对于"野蛮""忧郁"和墨西哥政治权力的研究，自上世纪 70 年代至今保持了相当程度的延续性。这几项元素的结合，也成为了贯穿作者这部代表作的主线。

威权者是民族性叙事中不显露名字的参与者，也是最有力量的参与者。一种成型的民族主义叙事，无论是乡村的伊甸园还是城市的流浪汉，乃至本书中的美西螈范式，都可以被引导和转变成一种掩盖现实问题的政治文化——这次呈现的是"革命民族主义"。

"墨西哥人被驱逐出了民族文化"，墨西哥知识界打造出了供权力驱使的文化弗兰肯斯坦。巴尔特拉的视角与论证充满了破坏力，试图将思想界前人与同时代人精心建筑的理论大厦一击而溃。民族性和民族哲学研究依然散发着迷人魅力，但在《忧郁的牢笼》加持之下，也隐隐透出危险的气息。

这种尝试是否是有价值的？作为译者，在与作者漫长的笔谈中，我得到了自己的结论。如果可以暂时搁置墨西哥知识界对于民族性的论述孰高孰低，对于一个"墨西哥人"而言，或许打破樊笼、不归属任何定义，真正像蝙蝠一样在黑夜中自由飞翔，才能远离修洛特尔的隐喻，靠近克察尔科亚特尔的传说。

二零二四年九月十八日
于昆玉河畔

著作权合同登记号　图字：01-2023-1130

图书在版编目(CIP)数据

忧郁的牢笼：墨西哥人的身份与异变 /（墨西哥）罗赫尔·巴尔特拉著；万戴译. -- 北京：北京大学出版社，2024.10. --（"理解拉丁美洲"文库）.
ISBN 978-7-301-35656-2
Ⅰ.C955.731.1
中国国家版本馆 CIP 数据核字第 20248WJ853 号

D. R. © 2014 Roger Bartra
D. R. © 2014, Penguin Random House Grupo Editorial, S. A. de C. V.（Mexico）

书　　　名	忧郁的牢笼：墨西哥人的身份与异变 YOUYU DE LAOLONG: MOXIGE REN DE SHENFEN YU YIBIAN
著作责任者	〔墨〕罗赫尔·巴尔特拉（Roger Bartra）　著 万戴　译
责任编辑	李凯华　魏冬峰
标准书号	ISBN 978-7-301-35656-2
出版发行	北京大学出版社
地　　　址	北京市海淀区成府路205号　100871
网　　　址	http://www.pup.cn
电子邮箱	zpup@pup.cn
新浪微博	@北京大学出版社
电　　　话	邮购部 010-62752015　发行部 010-62750672 编辑部 010-62753154
印刷者	河北博文科技印务有限公司
经销者	新华书店 880毫米×1230毫米　32开本　9印张　217千字 2024年12月第1版　2024年12月第1次印刷
定　　　价	69.00元

未经许可，不得以任何方式复制或抄袭本书之部分或全部内容。
版权所有，侵权必究
举报电话：010-62752024　电子邮箱：fd@pup.cn
图书如有印装质量问题，请与出版部联系，电话：010-62756370